Cours intensif 1

Trainingsbuch

von
Gunda Hiort
Laurent Jouvet

Ernst Klett Verlag
Stuttgart • Leipzig

Cours intensif 1
Trainingsbuch

Autorinnen und Autoren: Gunda Hiort, Lilienthal; Laurent Jouvet, Desaignes

Bildquellennachweis

Alamy Images RM (Lawrence/Imagestate), Abingdon, Oxon, **68.7**; Avenue Images GmbH (image 100), Hamburg, **123.1**; Avenue Images GmbH (Photo Disc), Hamburg, **115.1**; Corbis (Everton), Düsseldorf, **68.6**; Corbis (Heaton), Düsseldorf, **68.5**; Corbis (Thompson), Düsseldorf, **68.8**; Corel Corporation Deutschland, Unterschleissheim, **68.4**; Das Fotoarchiv, Essen, **116.1**; Fotolia LLC (Flô), New York, **63.1**; Fotolia LLC (photooiasson), New York, **63.2**; Fotolia LLC (pink candy), New York, **97.1**; Fotolia LLC (redpole), New York, **123.2**; iStockphoto (Deanna Quinton), Calgary, Alberta, **116.2**; Junghans Uhren GmbH, Schramberg, **53.3**; Kessler-Medien, Saarbrücken, **123.3**; Klett-Archiv, Stuttgart, **59.1**; Klett-Archiv (Patrick Dembski), Stuttgart, **Cover, 8.1, 11.1, 14.1, 16.1, 18.1, 21.1, 21.2, 21.3, 21.4, 21.5, 23.1, 23.2, 23.3, 23.4, 27.1, 37.1, 40.1, 46.1, 48.1, 49.1, 51.1, 54.1, 55.1, 55.2, 64.1, 65.1, 68.2, 75.1, 78.1, 79.1, 82.1, 83.1, 86.1, 93.1, 101.1, 106.1, 108.1, 110.1, 111.1, 111.2, 114.1**; Marco Polo Agence Photographique (Naudin), Paris, **21.6**; Mauritius Images (Pöhlmann), Mittenwald, **53.4**; MEV Verlag GmbH, Augsburg, **53.1, 121.1**; MEV Verlag GmbH (PhotoDisc), Augsburg, **53.2**; PhotoDisc, **68.1**; shutterstock (Dmitriy Shironosov), New York, NY, **67.1**; shutterstock (Entertainment Press), New York, NY, **89.1, 89.2**; shutterstock (icyimage), New York, NY, **67.2**

Nicht in allen Fällen war es uns möglich, den Rechteinhaber der Abbildungen ausfindig zu machen. Berechtigte Ansprüche werden selbstverständlich im Rahmen der üblichen Vereinbarungen abgegolten.

1. Auflage 1 7 6 5 4 3 | 2015 14 13 12 11

Alle Drucke dieser Auflage sind unverändert und können im Unterricht nebeneinander verwendet werden. Die letzte Zahl bezeichnet das Jahr des Druckes.

Redaktion: Bernd Binkle
Gestaltung: Claudia Kreipl; Sandra Oehler, Remseck
Umschlaggestaltung: Miriam Brusniak

Illustrationen: Sepp Buchegger, Tübingen (S. 74); Andrea Büdinger, München (S. 113); Christian Dekelver, Weinstadt (S. 76); Helga Merkle (S. 113, 120), Albershausen; Sandra Oehler, Remseck (S. 53, 56, 65, 113); Sven Palmowski, Barcelona (S. 113);
Reproduktion: Meyle+Müller, Medienmanagement, Pforzheim
Druck: Druckhaus Götz GmbH, Ludwigsburg

Printed in Germany.
ISBN 978-3-12-523024-8

9 783125 230248

Salut ! Bienvenue !

Liebe Schülerin, lieber Schüler,

bevor du mit der Arbeit beginnst, möchten wir dir kurz das Wichtigste zum Trainingsbuch erklären.

Das Trainingsbuch ist ideal, um selbstständig die Inhalte von *Cours intensif 1* zu erarbeiten, zu wiederholen und zu festigen. Das kann zum Beispiel notwendig sein, wenn du nicht am Unterricht teilnehmen konntest, weil du krank warst. Du kannst das Trainingsbuch aber auch benutzen, wenn du dich gezielt auf einen Test oder eine Klassenarbeit vorbereiten möchtest.

Grundsätzlich werden im Trainingsbuch alle Inhalte einer Lektion aufgegriffen: Grammatik, Vokabeln, Redemittel, inhaltliche Aspekte, Hör- und Leseverstehen. Du kannst dich darauf verlassen – der ganze Stoff einer Lektion kommt vor.

Bei der Behandlung von Grammatik werden die wichtigsten Regeln in einer Box zusammengefasst.
Es folgen Übungen, die den Stoff abfragen. Damit dir das Arbeiten mit dem Trainingsbuch Spaß macht, findest du viele verschiedene Aufgabentypen. Bei den Übungen zum Vokabular kannst du z. B. einmal ein Kreuzworträtsel lösen, ein anderes Mal werden Gegensatzpaare zusammengestellt.

Da das Hörtraining für das Lernen von Sprachen sehr wichtig ist, gibt es in jeder Lektion mehrere Hörverstehensangebote (...deswegen enthält das Trainingsbuch eine eigene Audio-CD). Jede Lektion endet mit Übungen zum Leseverstehen. In einigen Lektionen musst du noch einmal den Text im Schülerbuch lesen, in anderen wird ein eigener Text angeboten.

Das Wichtigste beim Trainingsbuch ist, dass du dir alles selbstständig erarbeiten kannst. Damit du dich auch gleich kontrollieren und verbessern kannst, werden ab der Seite 126 die Lösungen zu jeder Lektion angeboten.

Wir wünschen dir viel Spaß und vor allem viel Erfolg beim Arbeiten mit dem Trainingsbuch!

Ihr habt Julien, Naïma, Nicolas und Marie, die Freunde aus dem *quartier Bastille*, bereits im Schülerbuch kennen gelernt. Sie werden euch auch im Trainingsbuch begleiten.

	Seite
LEÇON 1	
Fragen stellen (1)	8
Das Verb „être" (sein)	9
Der bestimmte Artikel: „le, la, l', les"	10
Der unbestimmte Artikel: „un, une, des"	11
Die Verben auf „-er"	12
Qui est-ce ?	14
Konjunktionen und Präpositionen	14
Wichtige Redemittel	14
Hören und verstehen	15
Hören und nachsprechen	15
Hören und verstehen	15
Hören und schreiben	15
LEÇON 2	
Die Präpositionen „à" und „de"	16
Das Verb „aller" (gehen)	17
„Aller à" oder „aller chez"?	17
Das Verb „faire" (machen)	18
Fragen stellen (2)	20
Das Verb „avoir" (haben)	20
Wortschatz	21
Hören und schreiben	25
Paul und Zoé	26
Leseverstehen	27
LEÇON 3	
Die Possessivbegleiter	28
Der Imperativ	31
Fragen stellen (3)	32
Die Verben „prendre" und „comprendre"	32
Direktes und indirektes Objekt	33
Zahlen bis 69	36
Sich vorstellen	36
Petits mots	37
Wichtige Redemittel	37
Wortfelder: „la semaine", „l'appartement" und „la famille"	38
Hören und nachsprechen	39
Hören und schreiben	40
Mit Texten umgehen	40

	Seite
LEÇON 4	
Die Verben „lire", „dire" und „écrire"	42
Die Verneinung (1)	43
Das „Futur composé"	45
Die indirekte Rede	47
Die Verneinung (2)	48
Zahlen 70 – 1000	49
Wortschatz	51
Redemittel	53
Die Uhrzeit	53
Kleine Wörter	55
Sich leichter verständigen können	55
Hören und schreiben	57
Hören und verstehen	57
Tous au Salon du Bourget !	58
LEÇON 5	
Die direkten und indirekten Objektpronomen	59
Die Verben auf „-ir": „sortir, partir, dormir"	60
Das Adjektiv	61
Vokabular aus der Lektion	63
Redemittel	65
Phonetik	66
Wortfelder	66
Stratégie – Fehler vermeiden	66
Sehenswürdigkeiten in Paris	68
Übersetzung	68
Hören und schreiben	69
Hören und verstehen	69
Das Wesentliche verstehen	69
LEÇON 6	
Die Verben „vouloir" und „pouvoir"	70
Die Bildung des „Participe passé"	70
Das „Passé composé" (I) mit „avoir"	72
Das „Passé composé" (II) mit „être"	73
Die Verben „répéter" und „voir"	74
Die Stellung der Objektpronomen bei „vouloir, pouvoir, il faut" + Infinitiv	76
Freizeitaktivitäten	76
Übersetzung	77
Theaterwortschatz	78
Redemittel	80
Phonetik, Rechtschreibung	80
Hören und schreiben	81
Ein Theaterstück	81

	Seite
LEÇON 7	
Die Verben „acheter“, „essayer“ und „préférer“	83
Das Verb „mettre“	84
Demonstrativbegleiter und Interrogativbegleiter	85
Adjektive	87
Die Adjektive „beau, nouveau, vieux“	88
Die unverbundenen Personalpronomen	90
Phonetik	91
Redemittel	92
Präpositionen, Adverbien	93
Hörleseverstehen	94
Stratégie: Einen Text zusammenfassen und den Inhalt erzählen	95
Übersetzung	97
LEÇON 8	
Der Teilungsartikel	99
Mengenangaben	100
Das Pronomen „en“	102
Der Relativsatz mit „qui“, „que“ und „où“	103
Die Verben „venir“ und „boire“	105
Das Verb „manger“	105
Der unbestimmte Begleiter „tout“	107
Die Verben auf „-dre“	108
Verben	110
Wortfeld „Lebensmittel“	111
Redemittel	112
Phonetik	112
Mengenangaben	113
Präpositionen	113
Hören und schreiben	114
Wörterbucharbeit	115
LEÇON 9	
Die reflexiven Verben	116
Die Verben „devoir“ und „savoir“	117
Der Relativsatz mit „ce qui“ und „ce que“	118
Artikel/Präpositionen bei Ländernamen	119
Präpositionen	120
Übersetzung	121
Kreuzworträtsel	122
Redemittel	123
Mit Texten umgehen	124
Phonetik	124
Hören und schreiben	125
Lösungen	126
Inhalt der Audio-CD	160

Leçon 1

Fragen stellen (1)

Im Französischen gibt es, wie im Deutschen, **zwei** Arten von Fragen:

1. **Entscheidungsfragen** = Man entscheidet zwischen „ja“ oder „nein“:

   C'est Nicolas ? – **Oui**, c'est Nicolas. / **Non**, c'est Julien.

2. **Ergänzungsfragen** = Man antwortet mit einer ergänzenden Information:

   Qui est-ce ? – C'est **Marie**.
   Tu t'appelles **comment** ? – Je m'appelle **Naïma**.

Damit der Gesprächspartner merkt, dass man eine Frage stellt, hebt man am Ende der Frage die Stimme :

1 Welche Antworten gehören zu welchen Fragen? Achtung: Auf jede Frage gibt es zwei Antworten.

Ça va ?	Ça va. Merci.
Tu t'appelles comment ?	Je m'appelle Marie.
	Ça va bien.
	Je suis Naïma.

2 Antworte auf die folgenden Entscheidungsfragen mit ***oui*** oder ***non***.

1. Ça va ? – __________, ça va bien.
2. Tu t'appelles Julien ? – __________, je m'appelle Nicolas.
3. Tu es Malika ? – __________, Malika, c'est moi.
4. Vous êtes l'animateur ? – __________, je suis acteur.

3 Verbinde die Fragen mit der passenden Antwort.

Monsieur Rollin, qui est-ce ?	1	A	Je m'appelle Naïma.
Où sont les filles ?	2	B	Marie est la star.
Tu t'appelles comment ?	3	C	C'est moi !
Qui est la star ?	4	D	Elles sont sur la scène.

4 Finde die richtige Frage, die zu den Antworten passt.

1. ______________________________ ? – Non, je suis Julien.
2. ______________________________ ? – Oui, ça va, merci.
3. ______________________________ ? – C'est l'animateur, monsieur Rollin.
4. ______________________________ ? – Elle est là, sur la scène.

Das Verb „être" (sein)

être	sein
Je **suis** Naïma.	Ich **bin** Naïma.
Tu **es** un garçon.	Du **bist** ein Junge.
Il **est** l'animateur.	Er **ist** der Kursleiter.
Marie ? Elle **est** là.	Marie? Sie **ist da**.
On **est** là.	Man **ist**/Wir **sind** da.
Nous **sommes** les acteurs.	Wir **sind** die Schauspieler.
Vous **êtes** les filles./	Ihr **seid** die Mädchen./
Vous **êtes** Eric ?	Sie **sind** Eric?
Ils **sont** super, les acteurs.	Die Schauspieler **sind** super.
Elles **sont** les copines de Marie.	Sie **sind** die Freundinnen von Marie.

5 Ergänze die Personalpronomen: tu – nous – on – je – vous – ils – il – elles – elle

tu ______________ es   ______________ sont

______________ sommes   ______________ suis

______________ est   ______________ êtes

6 Finde die richtige Form von *être* und ergänze das/die passende/n Personalpronomen.

______________	ste	______________	messom
______________	tons	______________	têes
______________	se	______________	isus

Das französische Verb *être* ist, wie in vielen anderen Sprachen, unregelmäßig. Da das Verb so häufig gebraucht wird, musst du die Formen gut lernen.

Das Verb *être* in anderen Sprachen:

Englisch	Latein	Französisch	Italienisch
I am	sum	je suis	sono
you are	es	tu es	sei
he/she/it is	est	il/elle/on est	è
we are	sumus	nous sommes	siamo
you are	estis	vous êtes	siete
they are	sunt	ils/elles sont	sono

Der bestimmte Artikel: „le, la, l', les"

Im Französischen gibt es nur **zwei** grammatische Geschlechter. Der bestimmte Artikel heißt ***le*** im **Maskulinum Singular** und ***la*** im **Femininum Singular**. Vor **Vokalen** verkürzen sich beide Artikel zu ***l'***, um zu vermeiden, dass zwei Vokale aufeinander treffen:

~~la idée~~ → l'idée

Im **Plural** heißt der bestimmte Artikel immer ***les***.

Le monsieur, c'est Monsieur Rollin.
Marie est **la** superstar.
Monsieur Rollin est **l'**animateur.
Voilà **les** garçons.

7 Setze den bestimmten Artikel vor die folgenden Nomen.

1. ______ cours de théâtre
2. ______ garçon
3. ______ fille
4. ______ animateur
5. ______ acteur
6. ______ copines
7. ______ stars
8. ______ leçon
9. ______ filles
10. ______ superstar
11. ______ monsieur
12. ______ théâtre

8 Setze in die folgenden Sätze eine Form des Verbs ***être*** ein sowie den bestimmten Artikel, wo er notwendig ist.

1. Eric, c'____________ monsieur Rollin, ____________ animateur.
2. Marie ____________ ____________ copine de Naïma.
3. ____________ filles et ____________ garçons ____________ déjà là.
4. Tu ____________ Naïma ? – Non, je ____________ Marie.
5. Naïma et Marie : Nous ____________ ____________ superstars !
6. Et Julien et Nicolas, vous ____________ ____________ acteurs ?

Der unbestimmte Artikel: „un, une, des"

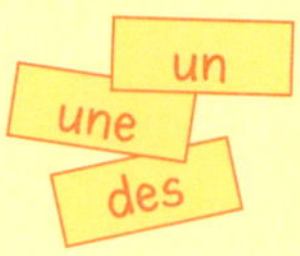

Auch den unbestimmten Artikel gibt es nur in zwei Geschlechtern.
Der unbestimmte Artikel heißt ***un*** im **Maskulinum Singular** und ***une*** im **Femininum Singular**. Im **Plural** heißt der unbestimmte Artikel immer ***des***.

Monsieur Rollin cherche **un** texte.
Voilà, c'est **une** invitation.
Théo invite **des** copains et **des** copines.

Im Gegensatz zum Französischen gibt es im Deutschen den unbestimmten Artikel nicht im Plural.

Théo lädt ___ Freunde und ___ Freundinnen ein.

9 Kreuze den richtigen Artikel an.

un	une	des	
			scène
			animateur
			tables
			filles
			lettre
			photos
			idée

un	une	des	
			fête
			heure
			invitations
			concert
			théâtre
			match
			acteur

un	une	des	
			histoires
			copain
			musique
			texte
			superstar
			garçon
			copines

Da du bei den bestimmten Artikeln l' und les und bei dem unbestimmten Artikel des nicht erkennen kannst, ob ein Nomen männlich oder weiblich ist, lerne die Nomen immer mit dem unbestimmten Artikel/Singular, z.B. un texte, une fête.

Die Verben auf „-er"

regarder
chercher
continuer
monter
jouer
demander
organiser
aimer
quitter

Wie im Deutschen und Lateinischen bestehen die Verben auch im Französischen aus einem **Stamm**, der immer gleich bleibt, und einer **Endung**, die sich je nach Person ändert.

chercher	suchen
je cherch**e**	**ich** such**e**
tu cherch**es**	**du** such**st**
il/elle/on cherch**e**	**er/sie/es** such**t**
nous cherch**ons**	**wir** such**en**
vous cherch**ez**	**ihr** such**t**
ils/elles cherch**ent**	**sie** such**en**

Nur die Aussprachen der Endungen ***–er, –ons*** und ***–ez*** sind zu hören.

- Vor einem Verb, das mit Vokal beginnt, wird ***je*** zu ***j',*** damit nicht zwei Vokale aufeinandertreffen: ~~je aime~~ → j'aime. Das kennst du schon von dem bestimmten Artikel Singular. Aus dem gleichen Grund werden ***vous, ils*** und ***elles*** vor Vokal gebunden: *Vous‿aimez le théâtre ?* [vuzeme]
- Die 2. Person Singular hat (wie im Deutschen, z. B. du mach**st**) immer ein ***–s.*** Das kennst du aus dem Englischen von der 3. Person: he walks („He, she, it – das s muss mit".).

10 Jetzt ergänze die folgenden Verbformen mit der richtigen Endung.

1. je cherch______	4. nous mont______	7. j'organis______	10. nous quitt______
2. tu continu______	5. vous jou______	8. tu invit______	11. vous regard______
3. il imagin______	6. ils demand______	9. elle aim______	12. elles cherch______

> Lerne bei den Verben immer gleich die Ergänzung mit:
> regarder qc, monter sur qc usw. (quelque chose = etwas)
> Dann kannst du mit den Verben leichter Sätze bilden.

11 Verbinde die folgenden Verben mit einem passenden Nomen.
(Manchmal gibt es mehrere Möglichkeiten!)

imaginer	1	A	une fête
inviter	2	B	le théâtre
organiser	3	C	une histoire
monter	4	D	une idée
quitter	5	E	des copains
chercher	6	F	sur la scène

12 Übersetze die folgenden Sätze.

1. Marie sucht nach Ideen. ______________________________
2. Ich denke mir eine Geschichte aus. ______________________________
3. Wir organisieren ein Fest. ______________________________
4. Eric verlässt das Theater. ______________________________
5. Marie und Naïma lieben Musik und Tanz. ______________________________
____
6. Ihr ladet die Freunde ein. ______________________________

Qui est-ce ?

13 In der Lektion 1 lernst du einige Jugendliche und Monsieur Rollin kennen. Verbinde in der Übersicht, was zusammengehört. Einmal gibt es mehrere Möglichkeiten.

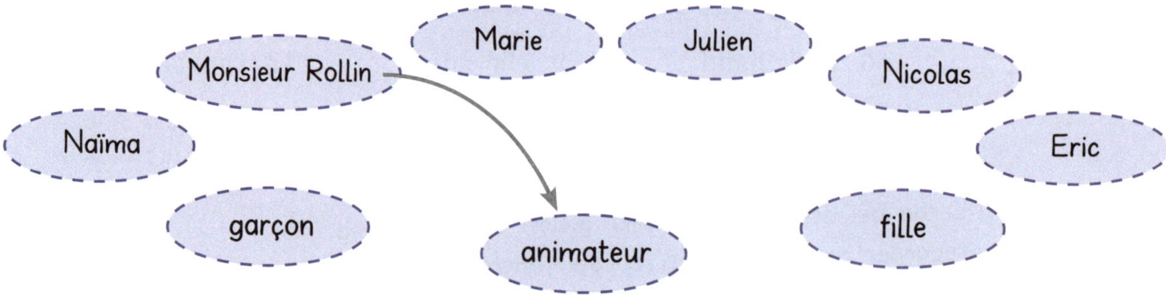

Konjunktionen und Präpositionen

14 „Kleine Wörter" wie z. B. Konjunktionen, Adverbien und Präpositionen sind häufig besonders wichtig. Setze in die folgenden Sätze *ou*, *sur*, *avec*, *mais*, *après*, *déjà* ein.

1. Les acteurs sont ______________________ la scène.
2. C'est une photo de Marie ______________ de Naïma ?
3. L'animateur ? ______________ c'est monsieur Rollin !
4. Une heure ________________, Eric quitte le théâtre.
5. Nicolas organise la fête ___________________ Naïma.
6. Les garçons sont ___________________________ là.

Wichtige Redemittel

15 Damit du dich gut ausdrücken kannst, lernst du die wichtigsten Redemittel jeder Lektion am besten auswendig. Hier kannst du sie noch einmal wiederholen:

Was sagst du,

1. … wenn du Monsieur Rollin begrüßt? ____.
2. … wenn du deine Freundin Marie fragst, wie es ihr geht? ________________________?
3. … wenn du deine Lehrerin verabschiedest? ____________________________________.
4. … wenn dein Freund dich fragt, wie es dir geht. (Dir geht es sehr gut, du bedankst dich.)

   ____.
5. … wenn dein Freund dich fragt, wie es dir geht. (Dabei geht es dir nicht so gut.) _________!

Hören und verstehen

1 **16** Höre dir die Dialoge an und bringe die Sätze in die richtige Reihenfolge.

a) Marie et Naïma : Satz 1: 3 Satz 2: ____ Satz 3: ____

b) Julien et Nicolas : Satz 1: ____ Satz 2: ____ Satz 3: ____

Hören und nachsprechen

2 **17** Welchen Laut hörst du? Kreuze ihn an. Achtung: Einmal gibt es zwei Laute zu hören! Sprich die Vokabeln anschließend langsam nach.

	[ɛ̃]	[ɑ̃]	[õ]
la leçon			
l'entrée			
bienvenue			
bien			
comment			

	[ɛ̃]	[ɑ̃]	[õ]
Epouvantail			
bonjour			
non			
maintenant			
on y va			

Hören und verstehen

3 **18** Welche der sechs Aussagen zu den Texten von Lektion 1 sind richtig oder falsch?

	vrai	faux
1.		
2.		
3.		

	vrai	faux
4.		
5.		
6.		

Hören und schreiben

4 **19** Höre dir den Text an und fülle die Lücken aus. Es fehlt jeweils ein Wort.

1. Les acteurs ______________ sur la scène.
2. Ils regardent la ______________.
3. Il ______________ a des photos.
4. Ils imaginent une ______________.
5. ______________ une lettre de Théo.
6. Il invite ______________ copains et des ______________.
7. C'est une ______________.

Leçon 2

Die Präpositionen „à“ und „de“

Bei den Präpositionen ***à*** und ***de*** gibt es eine Besonderheit.
Sie verschmelzen mit den bestimmten Artikel ***le*** und ***les***.
Dies hat auch Auswirkungen auf die Aussprache!

à + la → à la		de + la → de la	
à + le → **au**	[o]	de + le → **du**	[dy]
à + les → **aux**	[o]	de + les → **des**	[de]

1 Verbinde die Präpositionen mit den richtigen Nomen.

Je suis	au	fête.
	à la	théâtre.
	aux	blocks de Bercy.
	à l’	atelier.

Tu regardes des photos	de l’	MJC.
	du	quartier.
	des	opéra.
	de la	copains.

Das Verb „aller“ (gehen)

vais
vas
va
allons
allez
vont

Das Verb ***aller*** wird wie das Verb ***être*** sehr häufig gebraucht und ist ebenfalls unregelmäßig. Doch endet auch hier wie bei den regelmäßigen Verben die 2. Person Singular auf ***–s***. ***Nous*** und ***vous*** werden wegen der Vokale gebunden: [nuzalõ], [vuzale]

aller	gehen
Je **vais** au théâtre.	Ich **gehe** ins Theater.
Tu **vas** à la MJC.	Du **gehst** in das Jugendzentrum.
Il/Elle **va** à l'opéra.	Er/Sie **geht** in die Oper.
On **va** au marché.	Man **geht**/Wir **gehen** zum Markt.
Nous‿**allons** à la maison.	Wir **gehen** nach Hause.
Vous‿**allez** où ?	Wohin **geht** ihr? Wohin **gehen** Sie?
Ils/Elles **vont** au concert.	Sie **gehen** ins Konzert.

5 **2** Notiere die Verbformen (mit den Pronomen) in der Reihenfolge, in der du sie hörst.

1. ____________________ 3. ____________________ 5. ____________________

2. ____________________ 4. ____________________ 6. ____________________

Die 3. Person Singular kennst du schon aus Leçon 1: On y va!

„Aller à“ oder „aller chez“?

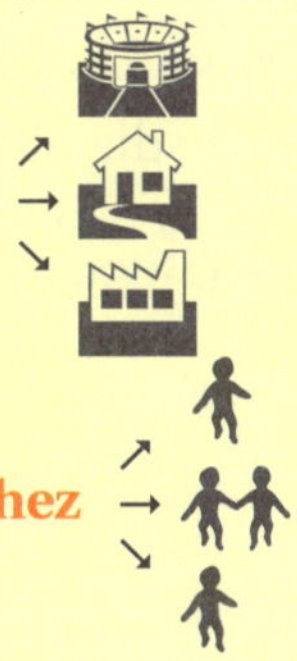

aller **à** → (Ort)

aller **chez** → (Person)

W Du weißt schon, dass es sinnvoll ist, bei den Verben immer gleich die Ergänzung mitzulernen. Bei dem Verb ***aller*** gibt es gleich **zwei** Ergänzungen:

- *aller **à*** verwendest du, wenn du einen **Ort** als Ziel angeben möchtest, zu dem du gehst: Vous allez **au cinéma**.
- *aller **chez*** benutzt du, wenn das Ziel eine **Person** ist: Je vais **chez une copine.**

3 Ergänze in den nächsten Sätzen die richtigen Präpositionen (mit dem Artikel, wo er notwendig ist).

1. Marie va __________ Naïma. Après, elles vont __________ collège.
2. Nicolas et Julien vont __________ cours de théâtre.
3. Le garçon va __________ l'acteur.
4. Nous allons __________ la maison.
5. Tu vas __________ monsieur et madame Rollin.
6. Elles vont __________ blocks de Bercy.

Das Verb „faire" (machen)

fais
fait
faisons
faites
font
fait
faisons
faites
font

Auch das Verb ***faire*** gehört zu den häufig gebrauchten und deshalb unregelmäßigen Verben. Auch hier endet, wie bei den regelmäßigen Verben, die 2. Person Singular auf ***–s***.

faire	**machen/tun**
Je **fais** les devoirs.	Ich mache Hausaufgaben.
Tu **fais** un tour ?	Machst du einen Rundgang?
Il **fait** des photos.	Er macht Fotos./Er fotografiert.
Elle **fait** une pause.	Sie macht eine Pause.
On **fait** un match ?	Machen wir ein Spiel?/Spielen wir?
Nous **faisons** des figures comme des stars.	Wir machen Figuren wie die Stars.
Vous **faites** des photos ?	Macht ihr Fotos?/Machen Sie Fotos?
Ils **font** la fête.	Sie feiern.
Elles **font** la tête.	Sie sind sauer.

4 Schreibe die Formen von ***faire*** in das Gitternetz.

↓ 1. il/elle/on
2. tu
3. nous

→ 4. vous
5. je
6. ils/elles

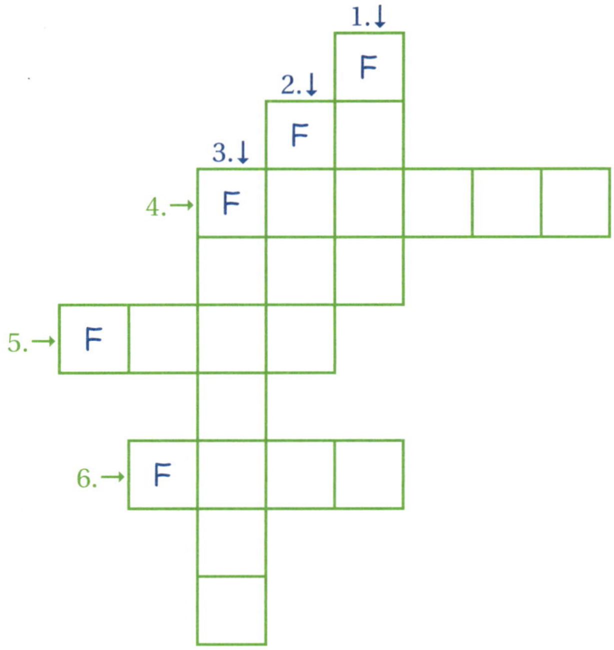

Du kennst jetzt schon sehr viele regelmäßige und unregelmäßige Verben. Damit du nicht durcheinander kommst, kann es dir helfen, wenn du versuchst, **Gemeinsamkeiten** zwischen den Verben zu finden.

5 Markiere möglichst viele Gemeinsamkeiten zwischen den Verbformen.

	être	**aller**	**faire**	**monter**
je	suis	vais	fais	monte
tu	es	vas	fais	montes
il/elle/on	est	va	fait	monte
nous	sommes	allons	faisons	montons
vous	êtes	allez	faites	montez
ils/elles	sont	vont	font	montent

Fragen stellen (2)

W In Leçon 1 hast du schon Entscheidungsfragen (ja/nein) und Ergänzungsfragen kennen gelernt.

Es gibt noch eine Besonderheit: Im Französischen kann durch bestimmte „Formeln“ besonders betont werden, dass eine Frage gestellt wird:

Est-ce que Julien fait les courses ? ← Entscheidungsfrage
– Oui, il fait les courses.

Qu'est-ce que Naïma cherche dans la rue ? ← Ergänzungsfrage
– Elle cherche la photo.

In beiden Fällen bedeutet der Einschub ***est-ce que*** einfach nur: „Achtung, hier kommt eine Frage!“ Er muss nicht übersetzt werden.
Vor einem Pronomen, das mit Vokal beginnt, wird ***que*** zu ***qu'***, damit nicht zwei Vokale aufeinandertreffen: ~~que il~~ → *qu'il*. Das kennst du schon von dem Pronomen *je* und auch von dem bestimmten Artikel.

6 Ergänze die richtige Frage.

1. Qu'est-ce que tu fais ? → Je fais des photos.
2. Est- ____________ que tu es Julien ? → Non, je suis Nicolas.
3. Marie et Naïma, ____________ elles font ? → Marie et Naïma vont à la MJC.
4. ____________ vous allez au collège ? → Oui, nous allons au collège.
5. ____________ elles font des photos ? → Oui, elles font des photos.
6. ____________ Nicolas fait au blocks de Bercy ? → Nicolas fait du skate.

Das Verb „avoir“ (haben)

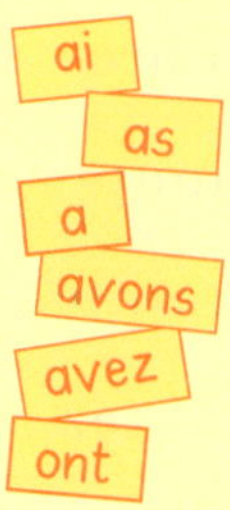

Auch das Verb ***avoir*** wird sehr häufig gebraucht.

avoir	haben
J'**ai** une copine à Paris.	Ich **habe** eine Freundin in Paris.
Tu **as** un portable.	Du **hast** ein Handy.
Il/Elle/On **a** des projets.	Er/Sie/Es **hat** etwas vor.
Nous **avons** rendez-vous.	Wir **haben** eine Verabredung.
Vous **avez** un cours de théâtre.	Ihr **habt**/Sie **haben** einen Theaterkurs.
Ils/Elles **ont** des photos.	Sie **haben** Fotos.

7 Wähle die richtige Form von ***avoir***.

1.	Nicolas	~~as~~ a	rendez-vous avec Naïma.
2.	Nous	avons ont	raison.
3.	J'	avons ai	des projets pour demain.
4.	Vous	avez a	une interro d'allemand.
5.	Tu	ai as	un cours de danse.
6.	Elles	ont avez	une invitation pour la fête de Marie.

Achte auf den Unterschied in der Aussprache:
avoir → ils‿ont [ilzõ] sie haben
être → ils sont [ilsõ] sie sind

Wortschatz

8 Schau dir die Fotos an: Was stellen sie dar?

A

B

C

D

E

F

1. le marché d'Aligre	E	3. la rue Bréguet		5. le collège Anne Frank	
2. le cinéma Bastille		4. les blocks de Bercy		6. l'opéra Bastille	

9 Vervollständige das Wortfeld *quartier*.

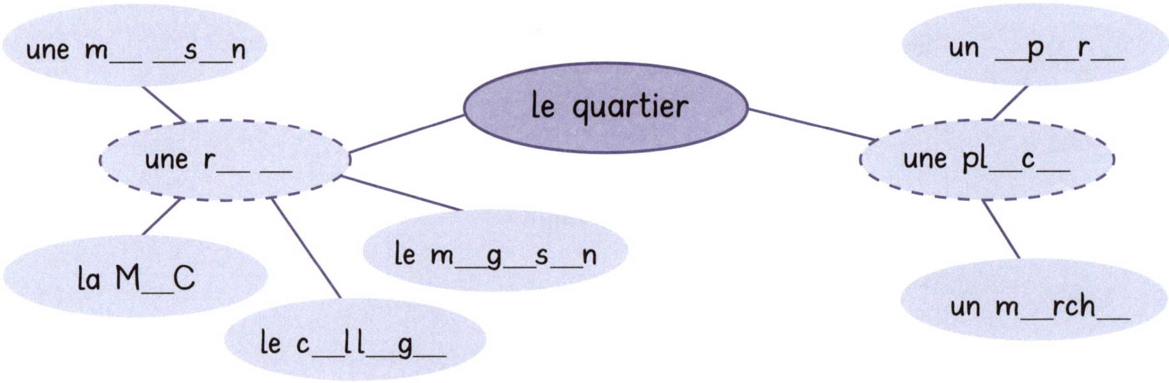

10 Suche den französischen Begriff.

1. Der Tag vor dem Sonntag. → le ______________________
2. Die Lektion 2 spielt hier. → dans le quartier ______________
3. Man betreibt diese Sportart in den Blocks de Bercy. → le ______________________
4. Zeit zwischen Sonnenaufgang und Mittag. → le ______________________
5. Ausdruck für „Schau mal“ oder „Na, so was!“ → ______________________

11 Versuche erst einmal, die Sätze zu vervollständigen, ohne die rechte Spalte anzuschauen. Erst wenn du Hilfe brauchst, solltest du die rechte Spalte anschauen.

1. Naïma fait du skate, elle fait des ______________ comme des stars.	Figur
2. C'est midi, nous ______________________ à la maison.	heimgehen
3. On va aux blocks demain ? – Non, ______________________.	heute
4. Tu fais les ______________________ pour le collège ?	Hausaufgaben
5. Marie fait la ______________________ ?	schmollen
6. On fait les photos le matin ? – Non, l'______________________.	nachmittags
7. A cinq heures, j'ai ______________________ avez des copains.	Verabredung
8. Samedi, les gens du quartier font les ______________________.	Einkäufe
9. Au ______________________, il y a aujourd'hui « Shrek 2 ».	Kino
10. Lundi, j'ai une ______________________ d'allemand.	Klassenarbeit

12 Welches Foto passt am besten zu welchem Ausdruck?

1. Ils font les devoirs ensemble. ☐
2. Elle fait une photo. ☐
3. Nicolas fait la tête. ☐
4. Ils sont d'accord. ☐

A

B

C

D

13 Setze die passenden Wörter ein.

1. Pour le ______________ les blocks de Bercy sont super.
2. Naïma fait des ______________ pour l'atelier.
3. Julien fait des ______________ de star.
4. Nous faisons des photos de l'______________, des ______________ et de la ______________.

filles | fête | skate | photos | opéra | figures

14 Du möchtest mit deinem Freund/deiner Freundin am Wochenende etwas unternehmen. Denk dir einen Dialog aus. Die Satzbausteine, die ☺ + ☹ und die Satzzeichen helfen dir.

Toi : on – aller – au cinéma ? ______________________________

Copain/copine : cinéma ? ☹ ______________________________

Toi : on – faire – un match de foot ? ______________________________

Copain/copine : un match de foot ? ☺ ______________________________

Toi : nous – aller – chez Marie ? ______________________________

Copain/copine : ☺ ______________________________

15 Ordne die folgenden Worte in drei Wortfelder. Nimm eine Farbe für jedes Wortfeld und unterstreiche die Worte.

un portable   un téléphone   un film   les acteurs   une scène   des falafels
un message   un pizza   un cinéma   une crêpe   un numéro   un billet

16 Finde jeweils die passende Vokabel oder den passenden Ausdruck.

1. C'est pour le ciné. → un b__________
2. pour l'interro → B__________ c__________ !
3. C'est une amie. → une c__________
4. Le film est à 5 heures. → Il c__________ à 5 heures.
5. Demain, Nicolas et Julien vont au cinéma. → Ils ont des p__________ demain.
6. Tu aimes ? → Non, je d__________ !

17 Wie heißt das auf Französisch?

1. Marie hat eine Verabredung mit Naïma um 6 Uhr.

____

2. Die Jungen bleiben immer stundenlang im Theater.

____

3. Morgen schreiben wir eine Deutscharbeit. ____________________
4. Montag fange ich an, Skateboard zu fahren. ____________________
5. Ihr sitzt mit den Mädchen auf einer Bank. ____________________

18 Was sagst du auf Französisch, wenn …

… du wissen willst, wie jemand heißt? ____________________

… du mit jemandem ins Kino gehen möchtest? ____________________

… du vorschlagen möchtest, nach Hause zu gehen? ____________________

… du findest, dass ein Vorschlag sehr gut ist? ____________________

… dich jemand fragt, wie du heißt? ____________________

… du wissen willst, ob deine Freunde einverstanden sind? ____________________

19 Ordne die Fragen den richtigen Antworten zu.

Qui est-ce ?	1
Où sont les garçons ?	2
Est-ce qu'on va au théâtre ?	3
Qu'est-ce que nous faisons après l'interro ?	4
Tu vas où ?	5
Tu t'appelles comment ?	6

A	Ils sont au cours de danse.
B	On fait une pause.
C	Je m'appelle Julien.
D	C'est monsieur Rollin.
E	Je vais au cinéma.
F	Pourquoi pas ?

Hören und schreiben

6 **20** Höre zu und schreibe die richtige Zahl in die Lücke.

1. Rendez-vous à 20 heures.
2. Nicolas a ____ copains.
3. Voilà les ____ jeunes de la MJC.
4. Elle arrive à ____ heures.
5. Il y a ____ bancs dans le parc du square.
6. Voilà les ____ magasins de la rue Trousseau.
7. Naïma et Marie sont ____ copines.
8. Marie fait ____ photos.
9. J'ai ____ messages sur mon portable.
10. Rendez-vous à ____ heures.
11. On est ____ à la fête !
12. Voilà ____ photos du quartier.
13. Il y a ____ animateurs à la MJC.
14. Il est ____ heures.
15. Elle arrive au collège à ____ heures.
16. Dans le quartier Bastille, il y a ____ cinéma.
17. C'est le numéro ____ !
18. La MJC a ____ skates pour le club de skate.
19. Il y a ____ films au cinéma Bastille.
20. La maison est au ____ de la rue Bréguet.

7 **21** Lies jetzt die folgenden Zahlen. Zur Kontrolle höre danach die richtige Aussprache: War alles richtig? Hat die Aussprache gestimmt? Sprich zur Sicherheit die Zahlen noch einmal nach.

a) 19 b) 14 c) 12 d) 17 e) 16 f) 11 g) 18 h) 15

8 ◎ **22** Höre und kreuze an, ob er/sie etwas mag oder nicht.

	1.	2.	3.	4.	5.	6.
il/elle aime	X					
il/elle déteste						

9 ◎ **23** Höre die Worte an und kreuze an, welche Laute vorkommen.
Es kann mehrere Antworten für ein Wort geben.

		1.	2.	3.	4.	5.	6.	7.	8.
[s]	comme dans **s**amedi								
[z]	comme dans pau**s**e								
[ʒ]	comme dans **g**énial								
[ʃ]	comme dans mar**ch**é								

10 ◎ **24** Paul und Zoé

a) Versuche beim ersten Hören, die Situation zu erfassen. Kreuze die richtige Antwort an.

		Ja	Nein
1.	Es handelt sich um ein Telefongespräch zwischen Zoé und Paul.		
2.	Zoé hat Kinokarten und möchte Paul einladen.		
3.	Zoé hat keine Lust aufs Kino.		
4.	Paul möchte mit Zoé bummeln gehen.		

b) Höre den Dialog ein zweites Mal und finde folgende Informationen heraus:

1. Wie viele Kinokarten hat Paul? ______________________
2. Mit wem sollte Zoé bummeln gehen? ______________________
3. Wie heißt der Laden in der rue Bréguet? ______________________
4. Um wie viel Uhr verabreden sie sich? ______________________

c) Warum lacht Zoé?

1. ☐ Sie weiß, dass Paul nur vorgibt, gerne bummeln zu gehen, um sich mit ihr treffen zu können.
2. ☐ Sie lacht, weil Paul eine lustige Geschichte erzählt hat.
3. ☐ Sie lacht, weil sie gar nicht bummeln gehen möchte.

25 Lies den Text „L'après-midi des copains" (SB S. 18). Kreuze das richtige Resümee an.

a) ☐ Les filles vont aux blocks de Bercy. Marie et les garçons font du skate et Marie fait des photos. La copine de Julien arrive et Marie fait la tête.

b) ☐ Les filles vont aux blocks de Bercy. Naïma et les garçons font du skate et Marie fait des photos. La copine de Julien arrive et Marie fait la tête.

c) ☐ Les filles vont aux blocks de Bercy. Naïma et les garçons font du skate et Marie fait des photos. La copine de Nicolas arrive et Marie fait la tête.

26 Lies noch einmal den Text *„Est-ce qu'on va au cinéma?"* (SB S. 20) und beantworte die folgenden Fragen:

1. Ils sont où ?	☐ Aux blocks de Bercy.	☐ Au cinéma.	☐ Au collège.
2. Au cinéma, il y a	☐ « Shrek 2 ».	☐ Bercy.	☐ Julien.
3. C'est un message de	☐ Julien.	☐ Nicolas.	☐ Naïma.
4. Rendez-vous à	☐ cinq heures.	☐ trois heures.	☐ une heure après.
5. Ils vont	☐ aux blocks.	☐ dans le quartier Bastille.	☐ au club théâtre.

27 *„La fille sur le banc…"* (SB S. 22): Lies den Text und kreuze die richtige Antwort an.

		richtig	falsch	nicht im Text
1.	Les copains ont rendez-vous au ciné à 5 heures.			
2.	Zoé fait la tête.			
3.	Julien aime les magasins.			
4.	Dans « Shrek 2 », il y a l'opéra Bastille.			
5.	Nicolas a une interro d'allemand lundi.			
6.	Zoé est avec Julien sur un banc.			

Leçon 3

Die Possessivbegleiter

ma
ton
ses
mes
tes
mon
ta
sa

W Du weißt bereits, dass ein Nomen in der Regel einen Begleiter hat und du kennst als Begleiter schon die unbestimmten (***un/une/des***) und die bestimmten (***le/la/l'/les***) Artikel.

Auch die **Possessivbegleiter** stehen vor einem Nomen. Sie machen deutlich, wem oder zu wem etwas gehört.
Sie richten sich **nur** nach dem **Genus** und **Numerus** des **folgenden** Nomens, **nicht** nach dem Genus des Besitzers.

Im **Singular** musst du dabei bei einem Besitzer zwischen **maskulinem „Besitz"** (***mon/ton/son***) und **femininem „Besitz"** (***ma/ta/sa***) unterscheiden, im **Plural** gibt es jeweils nur eine Form (***mes/tes/ses***).
Folgt dem Possessivbegleiter ein Nomen, das mir einem **Vokal** oder einem ***h*** beginnt, so wird mit der **maskulinen Form gebunden**:
mon‿animateur, ton‿amie, son‿histoire.

Bei der **dritten Person** muss du besonders aufpassen: ***son, sa, ses*** können „sein", aber auch „ihr" bedeuten. Man hat also – und das ist einfacher als im Deutschen – bei einem männlichen und bei einem weiblichen Besitzer dasselbe Wort.

1 Übersetze die folgenden Sätze.

1. Julien aime sa chambre et son skate. ______________________
2. Marie aime sa sœur Sarah et son chien. ______________________
3. Julien regarde ses photos. ______________________
4. Marie regarde ses photos. ______________________

Naïma und Marie sehen sich Familienfotos an. Füge den richtigen Possessivbegleiter ein.

5. Naïma: Voilà ________ parents.
6. Marie : C'est dans ________ chambre ?
7. Naïma: Oui, c'est dans ________ chambre.
8. Naïma: Et voilà ________ frère.
9. Marie : Il est sympa, ________ frère.

2 Füge den richtigen Possessivbegleiter ein.

mein/meine:	______ chambre	______ copains	______ sac	______ idée
dein/deine:	______ problème	______ enfant	______ enfants	______ question
sein/seine: ihr/ihre:	______ voisins	______ fille	______ chat	______ âge

notre
votre
leur
vos
nos
leurs

Bei **mehreren** Besitzern ist es noch einfacher: Es gibt im **Singular** nur die Formen ***notre/votre/leur***. Im Plural heißen die Formen ***nos/vos/leurs***.

Votre und ***vos*** werden auch als Höflichkeitsform benutzt: **Monsieur Rollin**, c'est **votre** théâtre ?

Folgt dem Possessivbegleiter ein Nomen, das mir einem **Vokal** beginnt, so wird auch hier **gebunden**: nos‿idées, vos‿histoires, leurs‿appartements.

3 Füge die fehlenden Possessivbegleiter ein.

1. Monsieur et madame Laroche sont dans ________ salon quand ________ enfants entrent.
2. Monsieur Laroche : Ecoutez, les enfants, ______ mère et moi, nous cherchons un appartement.
3. Jérémy : Pourquoi ? Je ne comprends pas : ________ appartement est super !
4. Marie : Jérémy et Sarah, vous quittez ________ copains ?
5. Jérémy et Sarah : Mais non, nous ne quittons pas ________ copains !

Das -s bei mes, tes, ses, nos, vos und leurs kennst du als Pluralendung schon von den Nomen und den bestimmten Artikeln.

Präge dir besonders die unterschiedlichen französischen Entsprechungen für das deutsche „ihr" ein:

Marie und ihr Freund: son copain
Marie und ihre Freundin: sa copine
Marie und Naïma und ihre Freundinnen: leurs copines

4 Kennst du jetzt alle Possessivbegleiter? Vervollständige das Raster.

ein Besitzer	Nomen (= Besitz) im Singular		Nomen (= Besitz) im Plural	
	Maskulinum	Femininum	Maskulinum	Femininum
	mon copain	______ copine	______ amis/amies	
	______ copain	ta copine	______ amis/amies	
	______ copain	______ copine	ses amis/amies	

mehrere Besitzer	Nomen (= Besitz) im Singular		Nomen (= Besitz) im Plural	
	Maskulinum	Femininum	Maskulinum	Femininum
	notre copain/copine		______ copains/copines	
	______ copain/copine		vos copains/copines	
	______ copain/copine		______ copains/copines	

5 Schau in das Raster und erkläre, warum das Pronomen „richtig" gewählt ist.

1. Marie und ihre Freundin:

   sa copine ______________________________

2. Madame Laroche, sind das Ihre Kinder?

   vos enfants ______________________________

3. Marie und ihr Freund: **son** copain ______________________________
4. Malika und ihre Freunde: **ses** copains ______________________________
5. Malika und Marie mit ihrer Freundin:

   leur copine ______________________________

Jetzt setze in den folgenden Sätzen das Pronomen selber ein … und erkläre dann, warum.

6. Monsieur Rollin, wo ist Ihr Theater?

   ______ théâtre ______________________________

7. Julien und Nicolas mit ihrer Freundin:

   ______ copine ______________________________

8. Julien und Marie mit ihren Freunden:

   ______ copains ______________________________

Der Imperativ

Im Französischen gibt es drei verschiedene Formen des Imperativs.
Im **Singular** hat er meistens dieselbe Form wie die **1. Person Singular** des Verbs.

Marie, **regarde** l'annonce !	Marie, **sieh** dir die Anzeige an!

Auch im **Plural** kennst du die Form meistens schon von der **2. Person Plural**.

Restez dans votre chambre !	**Bleibt** in eurem Zimmer!
Ecoutez, j'ai un problème !	**Hören Sie**, ich habe da ein Problem!

Eine französische Besonderheit ist der zweite Imperativ im Plural. Er hat die Form der **1. Person Plural** und du verwendest ihn, wenn du dich an eine Gruppe wendest, zu der du selbst auch gehörst.

Jérémy, Sarah, **téléphonons** à madame Dufour !	**Lasst uns** Madame Dufour anrufen!

6 Setze die passende Imperativform ein.

1. Madame Laroche : ________________ , les enfants, nous cherchons un appartement. — écouter
2. Marie : Mais ________________ , d'abord ! — discuter
3. Monsieur et madame Laroche : D'accord ! ________________ ton problème, Marie. — expliquer
4. Marie : ________________ d'abord l'appartement de l'annonce. — visiter
5. Sarah : Maman, papa, ________________ un appartement dans le quartier ! — chercher
6. Jérémy : Oui, ________________ dans le quartier ! — rester

Lerne vor allem bei unregelmäßigen Verben immer gleich den Imperativ mit.
Beachte: Va dans la cuisine ! (aber: je vais)
Allons au cinéma !
Allez au jardin !

Fragen stellen (3)

W Du kennst bereits zwei Frageformen: Die Entscheidungsfrage (Antwort: *Oui./Non.*) und die Ergänzungsfrage, die man mit ***Qu'est-ce que…*** bilden kann.

Qu'est-ce que les Laroche cherchent ?	**Was** sucht die Familie Laroche?

Du kannst natürlich auch andere Fragewörter an den Anfang stellen:

Où est-ce qu'ils cherchent un appartement ?	**Wo** suchen sie eine Wohnung?
Pourquoi est-ce qu'ils cherchent un appartement ?	**Warum** suchen …?
Quand est-ce qu'ils cherchent un appartement ?	**Wann** suchen …?
Comment est-ce qu'ils cherchent un appartement ?	**Wie** suchen …?

In der Umgangssprache kann die Ergänzungsfrage auch **ohne *est-ce que*** gebildet werden. Dann wandert das Fragewort **hinter** das Verb.
Tu déménages **où** ? Tu déménages **quand** ? Tu déménages **comment** ?

Damit dein Gesprächspartner merkt, dass du eine Frage stellst, hebst du am Ende des Satzes die Stimme an.

7 Finde die passende Frageform.

1. Où est-ce que les Laroche habitent ? – Ils habitent dans le quartier Bastille.
2. ______________________ Marie fait la tête ?
   – Elle fait la tête parce qu'elle aime son quartier.
3. ______________________ la famille visite l'appartement ?
   – Elle a rendez-vous vendredi.
4. ______________________ Marie explique le problème à sa mère ?
   – Quitter le quartier, c'est une catastrophe.

Die Verben „prendre" und „comprendre"

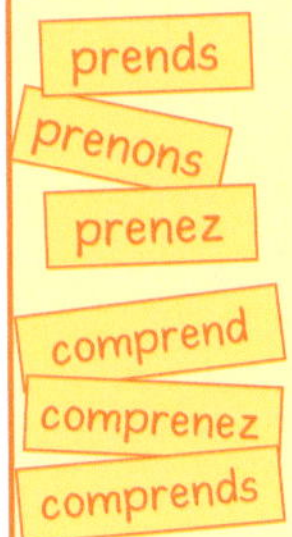

prendre	nehmen	comprendre	verstehen
je pren**ds**	ich nehme	je compren**ds**	ich verstehe
tu pren**ds**	du nimmst	tu compren**ds**	du verstehst
il/elle/on pren**d**	er/sie/man nimmt	il/elle/on compren**d**	er/sie/man versteht
nous pre**n**ons	wir nehmen	nous compre**n**ons	wir verstehen
vous pre**n**ez	ihr nehmt	vous compre**n**ez	ihr versteht
ils/elles pre**nn**ent	sie nehmen	ils/elles compre**nn**ent	sie verstehen

8 ***Prendre*** **oder** ***comprendre*****? Finde die richtige Verbform.**

1. je ________________ rndspe
2. elle ________________ rnepd
3. ils ________________ neernptn
4. tu ________________ pesorndmc
5. nous ________________ ponenrs
6. vous ________________ emrepnozc

Direktes und indirektes Objekt

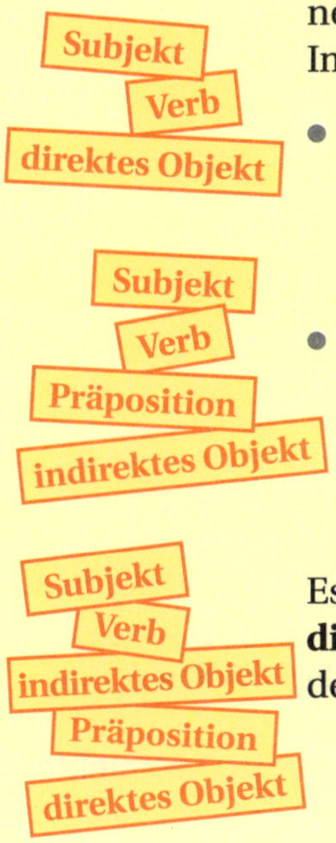

W In Lektion 1 hast du bereits erfahren, dass man die Verben am besten gleich mit ihrer Ergänzung lernt: ***regarder qc, monter sur qc.*** Diese Ergänzungen nennt man **Objekt**.
Im Französischen gibt es zwei Arten von Objekten:

- Das **direkte Objekt** steht **direkt** hinter dem Verb:

Marie	montre	l'annonce.
Subjekt	Verb	direktes Objekt

- Das **indirekte** Objekt steht **nicht direkt** hinter dem Verb; es hat sich noch eine **Präposition** dazwischen geschoben:

Marie	téléphone	**à**	madame Dufour.
Subjekt	Verb	Präposition	indirektes Objekt

Es gibt auch Sätze, in denen beide Objekte vorkommen. Dann steht das **direkte** Objekt natürlich an **erster** Stelle, weil es sonst nicht direkt hinter dem Verb stünde, und das **indirekte** Objekt folgt **danach**.

Marie	montre	l'annonce	**à**	sa mère.
Subjekt	Verb	direktes Objekt	Präposition	indirektes Objekt

9 **Bringe die Satzglieder in die richtige Reihenfolge.**

	1	2	3	4	Lösung
1.	cherchent	un appartement	les Laroche		
2.	l'annonce	Marie	à ses parents	montre	
3.	à madame Dufour	Marie	téléphone		
4.	raconte	une histoire	elle	à madame Dufour	
5.	les enfants	la guitare électrique	aiment		
6.	trouve	au téléphone	madame Laroche	Marie	
7.	le téléphone	donne	à sa mère	Marie	
8.	le problème	explique	elle	à sa mère	

In manchen Grammatiken werden das direkte und das indirekte Objekt im Französischen mit dem Akkusativ- und dem Dativobjekt im Deutschen verglichen. Das hilft aber nicht immer. Sicherer ist es, wenn du die Verben einfach mit den Ergänzungen lernst: comprendre **qn/qc**; téléphoner **à qn**, donner **qc à qn**.

10 Lege dir eine Übersicht über die Verben und ihre Ergänzungen an. (Achtung: Es gibt auch Verben, die gar keine Ergänzung haben!) Die Übersicht kannst du auf Extrazettel oder auf Karteikarten schreiben und in Zukunft nach jeder Lektion ergänzen.

Schreibe deinen Lernstoff (z. B. Verben mit ihrer Ergänzung) auf kleine Karteikarten. Da auf so eine Karte nicht viel drauf passt, hast du den Lernstoff gleich in kleine Portionen aufgeteilt. Karteikarten kannst du leicht in deine Jackentasche stecken und überallhin mitnehmen. So kannst du z. B. auch im Bus, in einem Wartezimmer, etc. lernen oder wiederholen.

Lektion	Infinitiv	direktes Objekt	indirektes Objekt	deutsche Bedeutung
1	regarder	qc		etw. ansehen/anschauen/betrachten
	chercher	qc/qn		
	continuer	qc		
	imaginer	qc		
	demander		à qn	jdn. (nach) etw. fragen
	organiser	qc		
				jdn. einladen
				jdn./etw. lieben/mögen
	quitter	qn		

Lektion	Infinitiv	direktes Objekt	indirektes Objekt	deutsche Bedeutung
2	rentrer			
		qc		etw. machen
				lachen
	arriver			
	rester			
				klingeln
	avoir	qc		
	détester	qc/qn		
3	trouver			etw./jdn. finden
				wohnen
	comprendre	qc/qn		
		qn		jdm. zuhören
	déménager			
	prendre			
		qc		etw. besichtigen
	décider			
	poser	qc		
		qc/qn		etw./jdn. bewundern
				eintreten/betreten/hereinkommen
	donner	qc		
		qc	à qn	jdm. etw. erklären
	arrêter			
		qc	à qn	jdm. etw. erzählen
	montrer		à qn	

Zahlen bis 69

vingt	20	1	-et-un
trente	30	2	-deux
quarante	40	3	-trois
cinquante	50	4	-quatre
soixante	60	5	-cinq
		6	-six
		7	-sept
		8	-huit
		9	-neuf

(Zehner **+** Einer)

Zwischen den Zahlen steht immer ein Bindestrich: vingt-et-un

L 11 **11** Höre dir die Sätze genau an und schreibe dann die Zahlen.

1. 25 2. ____ 3. ____ 4. ____ 5. ____ 6. ____ 7. ____

12 Jetzt musst du ein bisschen rechnen …

1. Seize + dix-sept = ____
2. Vingt-deux + quarante-sept = ____
3. Cinquante-trois – vingt-et-un = ____
4. Cinquante-deux + douze = ____
5. Treize × deux = ____
6. Trois × quinze = ____

Sich vorstellen

13 Du hast jetzt schon eine Menge über Marie erfahren. Kannst du sie vorstellen? Verwende dazu *On dit – C'est moi !* auf der Seite 33.

Elle s'appelle Marie Laroche. ______________________________

____

____

____

Petits mots

14 Kleine Wörter sind häufig besonders wichtig, manchmal aber schwer zu merken. Setze in die folgenden Sätze [à] [avec] [avec] [chez] [de] [et (3x)] [pour] [pourquoi] oder [tout à coup] ein.

Marie a rendez-vous ________ Naïma. D'abord, elle raconte l'histoire ________ l'appartement. « Déménager ________ Bagnolet seulement ________ un jardin ? Ici, j'ai mes copains ________ mes activités. » Naïma comprend le problème de sa copine. Elle va ________ Marie ________ les Laroche ________ elle explique le problème aux parents. ______________, monsieur ________ madame Laroche comprennent __________ Marie fait la tête.

Wichtige Redemittel

15 Was sagst du,

1. … wenn du deinen Freund/deine Freundin vorstellen möchtest? ______________________
2. … wenn du deine Wohnung beschreiben möchtest (Anzahl der Zimmer, Küche, Bad, Balkon oder Garten)? ____

____

____

3. … wenn du dich vorstellen möchtest (Name, Alter, Adresse, Geschwister, Haustiere, Hobbies)?

____

____

____

Wortfelder: „la semaine“, „l'appartement“ und „la famille“

16 Finde die *Wochentage* heraus. z. B. lundi + 3 → jeudi

lundi	+ 3 →	jeudi	+ 3 →		+ 2 →	
↑ + 4						+ 3 ↓
↑ + 5						+ 1 ↓
↑ + 6						+ 2 ↓
	← + 2		← + 2		← + 2	

17 Ergänze mit Wörtern aus dem Wortfeld *Wohnung*.

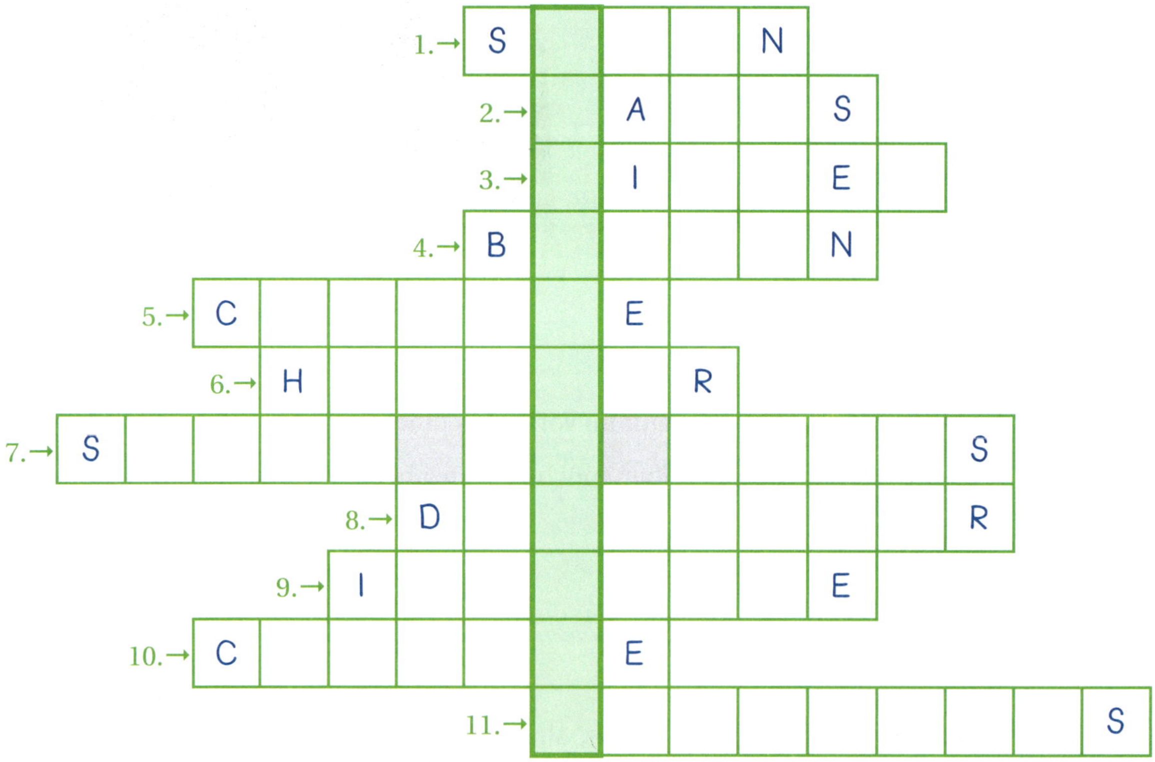

1. Dort schaut man zusammen Fernsehen. 2. In welcher Stadt wohnt die Familie Laroche? 3. Die Wohnung in Bagnolet hat vier davon… 4. Dort kann man gemütlich draußen sitzen. 5. Da schläft man. 6. wohnen 7. Hier wird sich gewaschen! 8. Wenn man die Wohnung wechselt, macht man das. 9. Gebäude mit mehreren Wohnungen 10. wo man kocht 11. Und hier kann man die Hände waschen…

18 Ergänze die folgenden Sätze mit Wörtern aus dem Wortfeld *Familie*.

1. Madame Laroche est la ______________ de Sarah.
2. Jérémy est le ______________ de Marie.
3. Marie et Sarah sont les ______________ de monsieur et madame Laroche.
4. Monsieur Laroche est le ______________ de Marie.
5. Marie, Jérémy et Sarah sont les ______________ de monsieur et madame Laroche.
6. Monsieur et madame Laroche sont les ______________ de Marie, Sarah et Jérémy.
7. Jérémy est le ______________ de monsieur Laroche.
8. Jérémy à monsieur Laroche : « ______________ ! »
9. Sarah à madame Laroche : « ______________ ! »

Hören und nachsprechen

12 **19** Du hast schon gemerkt, dass im Französischen viele Wörter aneinander gebunden werden. Das nennt man *„Liaison"* (= Bindung). Höre dir die Sätze auf der CD zunächst an, ohne in das Buch zu schauen. Sprich sie dann einfach einmal nach.
Lies die Sätze dann im Buch und sprich sie ein zweites Mal. Zum Schluss trage an der richtigen Stelle eine *„Liaison"* (= ‿) zwischen den Worten ein.

1. Ils‿ont quel âge ?
2. Marie et ses ami(e)s
3. les trois enfants Laroche
4. Bonjour, les enfants !
5. Nous avons nos copains, ici !
6. Voilà deux appartements.
7. les ateliers de la MJC
8. Voilà des annonces.
9. Tes idées sont super !
10. Ils aiment le quartier.
11. les immeubles de la rue Sadi Carnot
12. Vous arrêtez, les enfants !

13 **20** Höre dir die Worte und Ausdrücke an und markiere, ob du ein **[s]** oder ein **[z]** hörst. Sprich die Wörter danach richtig aus.

		[s]	[z]
1.	ma sœur		
2.	ils ont		
3.	le fils		
4.	elle s'appelle		
5.	quatorze		

		[s]	[z]
6.	la cuisine		
7.	où est-ce que		
8.	seulement		
9.	ils visitent		
10.	le sac		

Hören und schreiben

14 **21** Höre gut zu und vervollständige den Text.

1. Dans ______________ de Marie, il y a un problème. 2. Marie a ______________, Sarah, et un frère, Jérémy. 3. Elle a aussi ______________ : Goliath. 4. ______________ rue de Charonne. Leur appartement a seulement trois pièces. 5. Alors monsieur et madame Laroche regardent ______________. 6. Ils trouvent ______________ à Bagnolet, avec un balcon, 4 pièces et un jardin. 7. Mais les enfants ont ______________ à Paris. 8. Alors, est-ce qu'ils restent dans leur appartement ou est-ce qu'ils ______________?

Mit Texten umgehen

22 Freunde deiner Eltern suchen für einen Kurzurlaub eine Ferienwohnung in Paris. Du hilfst ihnen, die folgende Anzeige zu verstehen:

> **Paris**, situation idéale dans le quartier du Louvre.
> Appartement 2 pièces, cuisine, salle de bains avec douche.
> Décoration moderne. TV/téléphone gratuit.

1. Die Wohnung liegt ______________.
2. Sie umfasst ______________.
3. Die Einrichtung ist ______________.
4. Fernsehen und Telefon sind ______________.

23 Du brauchst nicht alle Wörter zu kennen, um Texte zu verstehen. Lies die drei Texte und beantworte die Fragen. Du wirst erstaunt sein, wie viel du schon verstehst.

A	B	C
Aujourd'hui, j'ai rencontré mes copines Marie et Julie. On a discuté et on est allées ensemble à la MJC. Moi, j'avais un cours de théâtre, et Marie et Julie avaient un match de hand-ball. A la MJC, j'ai vu Pierre, un garçon de ma classe. Il est super, Pierre, mais il a déjà une copine ! Dommage !	A louer, appartement de 3 pièces au sud de Paris. Jolie vue sur la gare Montparnasse et sur les boulevards. Proche du métro et de la gare. 70 m² au 13ᵉ étage. Cuisine à l'américaine. W.-C., douche. 1 200 € par mois. Un mois de caution et frais d'agence.	Lundi, j'arrive à Paris. Mardi, je téléphone à mon amie. Mercredi, je reste ici. Jeudi, je déménage à Bercy. Vendredi, je rentre à midi. Samedi, je vais au ciné avec des amis. Mais qu'est-ce que je fais dimanche ?

Zur Textart		
1.	Welcher Text ist ein Gedicht? (A, B, C?)	
2.	Welcher Text ist ein Tagebucheintrag? (A, B, C?)	
3.	Welcher Text ist eine Wohnungsanzeige? (A, B, C?)	

Zum Inhalt		
1.	Marie hat ein Handballspiel im MJC. (Oui./Non.)	
2.	Die Freundin von Marie und Julie hätte gern einen Jungen ihrer Klasse als Freund. (Oui./Non.)	
3.	Ist die Wohnung zu mieten (M) oder zu kaufen (K)?	
4.	Der Bahnhof « Montparnasse » liegt im Süden von Paris. (Oui./Non.)	
5.	Wo spielt das Gedicht? In Paris (P) oder Bagnolet (B)?	
6.	Die Person, die im Gedicht spricht, zieht am Sonntag um. (Oui./Non.)	

Leçon 4

Die Verben „lire“, „dire“ und „écrire“

	lire	lesen	dire	sagen
je	**lis**	ich lese	**dis**	ich sage
tu	**lis**	du liest	**dis**	du sagst
il/elle/on	**lit**	er/sie/man liest	**dit**	er/sie/man sagt
nous	**lis**ons	wir lesen	**dis**ons	wir sagen
vous	**lis**ez	ihr lest/Sie lesen	**dites**	ihr sagt/Sie sagen
ils/elles	**lis**ent	sie lesen	**dis**ent	sie sagen

Imperativ: Lis ! Lisons ! Lisez ! — Dis ! Disons ! Dites !

	écrire	schreiben
j’	écri**s**	ich schreibe
tu	écri**s**	du schreibst
il/elle/on	écri**t**	er/sie/man schreibt
nous	écri**v**ons	wir schreiben
vous	écri**v**ez	ihr schreibt/Sie schreiben
ils/elles	écri**v**ent	sie schreiben

Imperativ: Ecris ! Ecrivons ! Ecrivez !

1 Die Verben **lire**, **dire**, **écrire**. Vervollständige die Wortschlange.

j’écri_, tu li_, elle di_, nous li_o_s, vous éc_iv_z, ils di_e_t, je di_, tu é_ri_, on li_, nous di_on_, vous di_e_, e_les é_iv__

Die Verneinung (1)

ne … pas
ne … plus
ne … plus
ne … pas
ne … plus
ne … pas
ne … pas
ne … plus

Im Französischen besteht die Verneinung aus **zwei** Bestandteilen: Der erste Bestandteil ***ne*** bedeutet soviel wie „Achtung, hier kommt eine Verneinung!“ (Das Prinzip kennst du schon von der Frage mit *est-ce que*.) und der zweite Bestandteil (meistens ***pas***) gibt genauer an, was verneint wird. Diese beiden Bestandteile **umrahmen** das **konjugierte Verb**:

– Tu vas à la cantine ?
– Non, je **ne** vais **pas** à la cantine. — Nein, ich gehe **nicht** in die Kantine.

– Tu lis encore tes e-mails ?
– Non, je **ne** lis **plus** mes e-mails. — Nein, ich lese meine E-mails **nicht mehr**.

Auch hier wird vor Vokal und stummem *h* verkürzt: *ne* → *n’*
– On a cours mercredi après-midi ?
– Non, on **n**’a **pas** cours mercredi après-midi. — Nein, wir haben Mittwochnachmittag keinen Unterricht.

2 Verneine die folgenden Sätze.

1. Les avions, c’est génial ! – Non, ____________________
2. Tu aimes les pilotes ? – Non, ____________________
3. Nicolas et ses copains ont cours d’allemand ? – Non, ____________________
4. Nicolas va à l’infirmerie ? – Non, ____________________
5. Au Salon du Bourget, Nicolas a encore mal au ventre ? – Non, ____________________
6. Le soir, Nicolas est encore au Bourget ? – Non, ____________________.

Denke daran, dass die Verneinung im Französischen durch zwei Worte wiedergegeben wird (ne … pas, ne … plus). Dein Fahrrad hat ja auch zwei Reifen.

3 Bilde aus den Satzbausteinen Sätze.

1. Je | pas | suis | ne | au | CDI
2. Tu | aimes | pas | la | n' | banlieue
3. Il | ne | va | cinéma | plus | au
4. Nous | de théâtre | lisons | ne | la pièce | pas
5. Vous | plus | à | écrivez | vos copains? | n'
6. Elles | à la cantine | ne | plus | sont | du collège.

1. Je ______________________________
2. Tu ______________________________
3. Il ______________________________
4. Nous ______________________________
5. Vous ______________________________
6. Elles ______________________________

4 Übersetze die folgenden Sätze.

1. Nicolas ist nicht krank.

____

2. Aber er liest die Übungen nicht.

____

3. In der Mathestunde ist er nicht mehr in der Klasse.

____

4 Nach der Mathearbeit geht Nicolas nicht in die Krankenstation.

____

5. Um drei hat Nicolas kein Bauchweh mehr.

____

6. Am Donnerstag ist Monsieur Forestier nicht mehr zornig.

____

Das „Futur composé“

W Du kennst im Englischen das „going-to future“:
„I'm going to do my homework“.
Damit drückst du etwas Zukünftiges aus.

W Jetzt zum Französischen. Du kennst bereits die Formen des Verbs ***aller***:

je **vais**	nous **allons**
tu **vas**	vous **allez**
il/elle/on **va**	ils/elles **vont**

Im Französischen kannst du mit den **Präsensformen** von ***aller*** und dem **Infinitiv** des Verbs – ähnlich wie im Englischen beim „going-to-future“ – eine zukünftige Handlung ausdrücken.

Demain, je **vais** **travailler** au CDI.
↑ **Präsensform** von **aller** — ↑ **Infinitiv** des Verbs

Samedi, tu **vas** **aller** au cinéma.
↑ **Präsensform** von **aller** — ↑ **Infinitiv** des Verbs

Im **verneinten** Satz **umrahmen** die beiden Verneinungsbestandteile wie immer das **konjugierte** Verb, also ***aller*** (und nicht den Infinitiv!).

Elle **ne** vas **pas** avoir sa note.

5 Vervollständige die folgenden Sätze mit dem *Futur composé*.

terminer – avoir – faire – demander – travailler – rigoler

1. Les élèves ____________________ leur interro d'allemand.
2. Pierre et Théo : Nous ____________________ nos notes lundi.
3. Madame Lebœuf : Zoé et Marie, vous ____________________ l'interro mardi.
4. Zoé : Je ____________________ à Pierre de travailler avec nous.
5. Zoé : Pierre, pour toi, l'allemand n'est pas un problème.
   Tu ____________________ avec nous ?
6. Pierre : Bien sûr ! Mais vous ____________________ .

Futur composé heißt „zusammengesetztes Futur" (Zukunft). Die Bestandteile, aus denen es zusammengesetzt wird, sind 1. eine konjugierte Form von aller und 2. ein Infinitiv. Achte also immer darauf, dass du beide Bestandteile in deinem Satz verwendest.

6 Die folgenden Sätze sind im Präsens. Setze sie in das ***Futur composé.***

1. Nicolas arrive au collège à huit heures moins dix.

____

2. Pierre : Tu ne vas pas au cours de sport ?

____

3. Nicolas : Non, je n'ai pas cours, aujourd'hui.

____

4. Pierre et Théo : Nous allons à la cantine.

____

5. Zoé : Vous avez cours d'allemand ?

____

6. Pierre : Non, on a de la chance : les professeurs ne sont pas là.

   Non, on a de la chance : ______________________________

Die indirekte Rede

dire que
expliquer que
demander si
dire que
expliquer que
demander si
dire que
expliquer que
demander si

Mit der indirekten Rede gibt man wieder, was eine **andere** Person gesagt hat:
Wie im Deutschen und Englischen wird die indirekte Rede durch eine **Konjunktion** (***que*** = „dass"; "that") eingeleitet. Die Wortstellung ändert sich nicht.

Pierre dit : « Nicolas va aller au Salon du Bourget. »	Pierre sagt: „Nicolas wird zum Salon du Bourget gehen."
↓	
Pierre dit **que** Nicolas va aller au Salon du Bourget.	Pierre sagt, **dass** Nicolas zum Salon du Bourget gehen wird.

Du weißt schon, dass ***que*** **vor Vokal** zu ***qu'*** wird.

Zoé dit : « Elle travaille bien. »	Zoé sagt: „Sie arbeitet gut."
↓	
Zoé dit **qu'**elle travaille bien.	Zoé sagt, **dass** sie gut arbeitet.

Indirekte **Fragen** werden durch ***si*** (ob) eingeleitet.

Monsieur Forestier demande : « Nicolas, tu n'es pas au collège ? »	Monsieur Forestier fragt: „Nicolas, bist du nicht in der Schule?"
↓	
Monsieur Forestier demande **si** Nicolas n'est pas au collège.	Monsieur Forestier fragt, **ob** Nicolas nicht in der Schule ist.

Wie im Deutschen und Englischen musst du Personalpronomen, Verben und Possessivbegleiter sinngemäß angleichen.

Zoé demande à Théo : « **Tu** lis **mon** texte ? »	Zoé fragt Théo : „Liest du meinen Text?"
↓ ↓ ↓	
Zoé demande à Thèo s'**il** lit **son** texte.	Zoé fragt Théo, ob er ihren Text liest.

7 Setze die folgenden Sätze aus der **direkten** in die **indirekte Rede**.

1. Mme Lebœuf : « Vous travaillez vite. »
   Théo à Pierre : « Madame Lebœuf dit ______________________________ »
2. Théo : « Nicolas a de la chance. »
   Théo dit ______________________________
3. Nicolas demande : « Est-ce que je vais faire l'interro d'allemand ? »
   Nicolas demande ______________________________
4. Mme Lebœuf : « Nicolas va faire l'interro lundi. »
   Théo à Nicolas : « Madame Lebœuf dit ______________________________ »

Die Verneinung (2)

ne ... pas de
ne ... plus de
ne ... pas de
ne ... plus de
ne ... pas de
ne ... plus de

W Du kennst bereits die Verneinung eines **Verbs**:
– Tu vas à la cantine ? – Non, Je **ne** vais **pas** à la cantine.

Natürlich kann man auch **Nomen** verneinen. Auch dazu brauchst du die **zwei** Bestandteile ***ne ... pas de*** oder ***ne ... plus de.***

– Tu as un billet ?
– Non, je **n'**ai **pas de** billets. Nein, ich habe **kein** Ticket.

– Tu as un zéro ?
– Non, je **n'**ai **plus de** zéro. Nein, ich habe **keine** Sechs **mehr**.

– Tu as un avion ?
– Non, je **n'**ai **pas d'**avion. Nein, ich habe **kein** Flugzeug

8 Antworte auf die Fragen. Verwende dabei *ne ... pas de* oder *ne ...plus de*.

Théo besucht Nicolas:

1. Théo : Tu as des photos du Salon du Bourget ?
   Nicolas : Non, je ____________________
2. Théo : Tu as une affiche du Salon ?
   Nicolas : Non, je ______________________________, mais j'ai une affiche de la conférence du frère de monsieur Forestier.
3. Théo : Tu as encore un billet du Salon du Bourget ?
   Nicolas : Non, je ____________________
   ____________________.
4. Théo : Tu as encore des problèmes avec madame Lebœuf ?
   Nicolas : Non, je ____________________
   ____________________.

Zahlen 70 – 1000

60 = soixante

61 = soixante-**et**-un
62 = soixante-deux
usw.

70 = soixante-dix (60 + 10 = 70)

71 = soixante-**et**-onze (60 + 11)
72 = soixante-douze
usw.

80 = quatre-vingt**s** (4 x 20 = 80) (mit « s »)

81 = quatre-vingt-un (ohne « s »)
usw.

90 = quatre-vingt-dix (4 x 20 + 10 = 90)

91 = quatre-vingt-onze (4 x 20 + 11)
usw.

9 Schreibe die Zahlen als Ziffern. Du hast 60 Sekunden Zeit!

quatre-vingt-dix-huit	98	soixante-et-onze	
quatre-vingt-neuf		quatre-vingt-deux	
soixante-dix-huit		quatre-vingt-treize	
quatre-vingt-sept		quatre-vingt-quatre	
soixante-sept		soixante-treize	
soixante-seize		soixante-deux	

Es lohnt sich, die Zahlen gut und sicher zu lernen, denn du brauchst sie häufig:
- Im Unterricht bei der Angabe von Übungsnummern, Seiten- und Zeilenzahlen, bei Zeitangaben ...
- In Frankreich beim Einkaufen, beim Wetterbericht, bei den Durchsagen an Bahnhöfen oder Flughäfen ...

15 ◎ **10** Höre folgende Zahlen und kreuze in der Tabelle an, z. B. Ⓐ **soixante-quinze**, Ⓑ **quatre-vingt-neuf**.

Ⓑ→ ↓Ⓐ	84	85	86	87	88	89	90	91	92	93	94	95	96	97	98	99
70																
71																
72																
73																
74																
75						X										
76																
77																
78																
79																
80																
81																
82																
83																

16 ◎ **11** Höre die Sätze an und füge die Zahlen in Buchstaben ein. (Wenn du die Zahlen nicht ausschreiben magst … oder kannst, schreib nur die Ziffern!)

1. ______________________ ans
2. ______________________ élèves de quatrième
3. ______________________ cours à la MJC
4. ______________________ crêpes pour la fête
5. ______________________ kilomètres
6. ______________________ photos

100 = cent
200 = deux-cents (mit „s“)
201 = deux-cent-un (ohne „s“)
273 = deux-cent-soixante-treize
usw.

1000 = mille

2000 = deux-mille (ohne s)
2222 = deux-mille-deux-cent-vingt-deux
usw.

17 **12** Höre die Zahlen und schreibe sie auf, z. B. deux-mille-trois-cent-quarante-cinq. (Achtung – die Übung ist etwas für Spezialisten – sie geht über 1000!)

	mille	cent		
A	2	3	45	deux-mille-trois-cent-quarante-cinq
B				
C				
D				
E				
F				
G				

Wortschatz

13 Setze Wörter aus dem Wortfeld *collège* ein.

1. Les élèves ont cours dans la ______
2. C’est là où les élèves vont à midi : la ______
3. Quand Marie est malade au collège, elle va à l’______
4. A la récré, les élèves sont dans la ______
5. Pour faire du sport, ils vont au ______
6. Pour lire des livres et faire leurs devoirs, les élèves vont au ______

14 Finde Wörter, die inhaltlich zum vorgegebenen Wort passen.

un avion ●	● un p ________________
Internet ●	● un o ________________
	● un e ________________
un élève ●	● un p ________________
	● un s ________________
écrire ●	● une l ________________
avoir mal au ventre ●	● être m ________________
lire ●	● un l ________________

15 Schreibe die Monatsnamen in den drei Sprachen. Vergleiche die Schreibweise und die Aussprache. Finde Gemeinsamkeiten, die dir helfen, die Monatsnamen zu merken.

Deutsch	Französisch	Englisch
Januar	Janvier	January

Deutsch	Französisch	Englisch

Redemittel

16 Drücke Folgendes aus:

1. Schreib einen Brief

____

> Was fällt dir auf, wenn du den deutschen und den französischen Ausdruck vergleichst?

2. Mir geht es nicht gut.

____

3. Wie viel Uhr ist es?

____

4. Bitte. (= wenn man jemanden duzt und wenn du jemanden siezt.)

____

5. Sie hat Glück.

____

6. Er hat eine 6 (in einer Klassenarbeit).

____

7. Wie steigen in ein Flugzeug.

____

8. Er muss nachsitzen.

____

9. Treffen wir uns in einer Viertelstunde?

____

Die Uhrzeit

Die **offizielle Uhrzeit** wird wie im Deutschen ausgedrückt:
22 h 45 = vingt-deux heures quarante-cinq (minutes).

In der **Umgangssprache** wird die Uhrzeit folgendermaßen ausgedrückt:

- Dabei wird ab 13 Uhr die Uhrzeit wie im Englischen und Deutschen ausgedrückt: 15 h 45 = quatre heures moins le quart.
- Es ist 12 Uhr (Mittag). = Il est midi.
  Es ist 12 Uhr (Mitternacht). = Il est minuit.

17 Was passt zusammen? Verbinde die Uhrzeiten.

Umgangssprachliche Zeitangabe

Offizielle Zeitangabe

six heures moins le quart	1		A	deux heures quarante
deux heures et demie	2		B	cinq heures quinze
trois heures moins vingt	3		C	zéro heure quinze
cinq heures et quart	4		D	cinq heures quarante-cinq
deux heures moins dix	5		E	onze heures quarante-cinq
minuit et quart	6		F	deux heures trente
midi moins le quart	7		G	une heure cinquante

18 Schreibe die Uhrzeiten in Ziffern.

1.	dix heures vingt (soir)	22 h 20
2.	huit heures moins le quart (matin)	
3.	une heure et quart (après-midi)	
4.	sept heures et demie (après-midi)	
5.	deux heures dix (matin)	
6.	deux heures moins dix (après-midi)	
7.	midi moins vingt	
8.	minuit et demi	
9.	six heures moins cinq (après-midi)	
10.	quatre heures moins le quart (matin)	

Kleine Wörter

19 Vervollständige den Text mit *à*, *qu'*, *que*, *et*, *si* und *avec*.

Nicolas demande ____ Marie ____ elle va ____ la conférence de la MJC. Marie dit ____ elle est d'accord. Elle demande ____ quelle heure commence la conférence. Nicolas dit ____ la conférence commence à huit heures ____ demie. Marie demande ____ Nicolas ____ Naïma va aussi à la conférence. Mais Nicolas dit ____ elle va au cinéma ____ un copain, aujourd'hui.

Sich leichter verständigen können

In manchen Situation fehlen euch bestimmt noch die passenden französischen Wörter.
Die folgenden fünf **Tipps** helfen euch, unbekannte Wörter einfach zu umschreiben:

1. Tipp Mit einem **Oberbegriff:**	**Schreibtisch**	→	C'est une table. Sur la table, il y a des livres et on fait ses devoirs.
2. Tipp Mit einer **Erklärung**, einem **Vergleich** oder **Beispiel:**	**Wie lange dauert… ?**	→	Pendant un cours, on reste 55 minutes dans la salle de classe. Et vous ?
3. Tipp Mit dem **Gegenteil:**	**gesund**	→	Quand on n'est pas « malade », on est…
4. Tipp Mit **einfacheren Wörtern:**	**Notensystem**	→	les notes
5. Tipp Mit **Umschreibungen**, die etwas Ähnliches ausdrücken:	**Lieblingsfach**	→	J'adore… / Pour moi, …, **c'est** super.

20 Erkläre die folgenden Wörter. Welchen Tipp aus der Übersicht hast du angewendet?

1. un acteur : ______________________________
2. adorer : ______________________________
3. la récréation : ______________________________
4. un professeur : ______________________________
5. le père : ______________________________
6. le frère : ______________________________

Manche Tipps eignen sich besser für ein Wort als andere. Du hast aber bestimmt auch einen Lieblingstipp, mit dem du besser klar kommst als mit anderen. Welchen Tipp hast du besonders häufig gewählt? Der passt dann wohl am besten zu dir.

21 In der Wortschlange verbergen sich **elf Verben**. Finde Sie heraus. Was bedeuten sie auf Deutsch?

____

____

____

Hören und schreiben

18 **22** Höre dir Nicolas' Tagesablauf an und schreibe die Zeiten auf.

1.	Rendez-vous avec les copains	
2.	Les copains ne sont pas là.	
3.	Nicolas téléphone.	
4.	Nicolas arrive rue Trousseau.	
5.	Ils ont faim.	
6.	Nicolas rentre chez ses parents.	

Hören und verstehen

19 **23** Auf dem *Salon du Bourget* hörst du drei Lautsprecherdurchsagen: A, B und C. Kreuze zunächst an, welche der Durchsagen welche Textart ist:

	A	B	C
– eine Personendurchsage			
– eine Meldung des Bewirtungsservice			
– eine Vorstellung des Salons			

Höre die drei Ansagen noch einmal und kreuze die Stichwörter an, die dazu passen.

	Annonce A	Annonce B	Annonce C
1.	☐ les avions	☐ salle 87	☐ avion
2.	☐ des informations	☐ A380	☐ pause
3.	☐ piloter un Boeing 747	☐ conférence	☐ restaurant
4.	☐ restaurant	☐ sandwich	☐ pilote
5.	☐ conférences	☐ un pilote	☐ hall A et hall C

24

Tous au Salon du Bourget !

Notre correspondant est allé pour vous regarder toutes les nouveautés au Salon du Bourget...

Le Salon du Bourget présente de manière ludique les dernières nouveautés aéronautiques, ainsi que de multiples présentations et conférences. Cette année, je suis bien sûr allé voir le dernier avion d'Airbus, l'A380. On en parle partout, on le voit partout, dans les magazines, à la télé, mais quand on le voit pour la première fois, on est écrasé par sa taille : il est haut comme un immeuble de 10 étages ! Il peut transporter presque 900 personnes. En classe économique, chaque passager bénéficie de 1 m^2, ce qui est plus que dans un autre avion. Mais l'Airbus A380, c'est aussi l'un des avions les plus sûrs : lors des essais, il a fallu une minute et demie pour que tous les passagers sortent de l'avion avec la procédure d'urgence ! Mais bon, si je voyage un jour dans un Airbus A380, j'espère que je n'aurai pas besoin de sortir par les issues de secours ! LJ

Wenn du einen französischen Text liest, verstehst du noch nicht alles, aber sicher viel mehr, als du denkst. Beantworte folgende Fragen, dann merkst du, dass du bereits eine Menge verstanden hast.

a) Die Textsorte:

- ☐ Zeitungsbericht
- ☐ Annonce
- ☐ Info auf einer Speisekarte
- ☐ Ansage
- ☐ Telefongespräch

b) Das Thema des Textes:

- ☐ le Salon du Bourget
- ☐ le Boeing 747
- ☐ l'Airbus A380
- ☐ les avions

c) Welche Informationen und Einzelheiten enthält der Text? (Es sind mehrere Antworten möglich!)

1 ☐ Der A380 ist sicher.

2 ☐ Das Magazin „Airbus" wird verteilt.

3 ☐ Es geht um die Concorde.

4 ☐ Das Boarding findet in 1,5 Minuten statt.

5 ☐ Die Höhe wird erwähnt.

6 ☐ Die Stadt Bourges kommt vor.

7 ☐ Es gibt mehr Platz für Passagiere.

8 ☐ Der A380 ist so groß wie ein Fußballfeld.

9 ☐ Die Passagieranzahl wird genannt.

Leçon 5

Die direkten und indirekten Objektpronomen

W In Lektion 3 hast du bereits erfahren, dass es im Französischen zwei Arten von Objekten gibt: das **direkte Objekt** steht **direkt** hinter dem Verb: *aimer **qc*** (Verb → Objekt), das **indirekte Objekt** steht **nicht direkt** hinter dem Verb, es steht noch eine **Präposition** zwischen Verb und Objekt: *téléphoner **à** qn* (Verb → Präposition → Objekt).

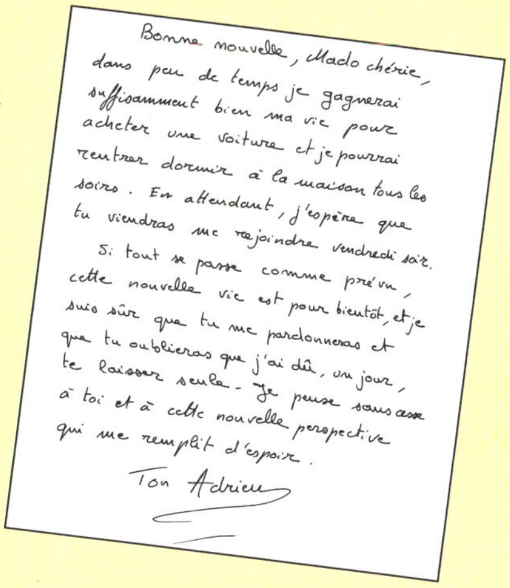

Bonne nouvelle, Mado chérie,
dans peu de temps je gagnerai
suffisamment bien ma vie pour
acheter une voiture et je pourrai
rentrer dormir à la maison tous les
soirs. En attendant, j'espère que
tu viendras me rejoindre vendredi soir.
Si tout se passe comme prévu,
cette nouvelle vie est pour bientôt, et je
suis sûr que tu me pardonneras et
que tu oublieras que j'ai dû, un jour,
te laisser seule. Je pense sans cesse
à toi et à cette nouvelle perspective
qui me remplit d'espoir.
Ton Adrien

Die **direkten** und **indirekten Objekte** können durch **Pronomen** ersetzt werden.

Direkte Objektpronomen

Tu	**me**	cherches ?		**mich**
Oui, je	**te**	cherche.		**dich**
Tu lis **le livre** ?	Oui, je	**le**	lis.	**es**
Tu comprends **la prof** ?	Oui, je	**la**	comprends.	**sie**
Elle aime **l'animateur** ?	Oui, elle	**l'**	aime.	**ihn**
Il	**nous**	regarde.		**uns**
Nous	**vous**	écoutons.		**euch**
Tu fais **les courses** ?	Oui, je	**les**	fais.	**sie**
Vous regardez **les garçons** ?	Oui, nous	**les**	regardons.	**sie**

Indirekte Objektpronomen

Tu	**me**	donnes le livre ?		**mir**
Je	**te**	donne le livre.		**dir**
Tu donnes le livre **à la prof** ?	Je	**lui**	donne le livre.	**ihr**
Tu donnes le livre **au prof** ?	Je	**lui**	donne le livre.	**ihm**
Tu	**nous**	écris une lettre ?		**uns**
Je	**vous**	écris une lettre.		**euch/Ihnen**
Tu parles **à tes copains** ?	Je	**leur**	parle.	mit **ihnen**
Tu parles **à tes copines**.	Je	**leur**	parle.	mit **ihnen**

1 Lui oder leur? Welches der beiden Objektpronomen gehört in die Lücke?

1. Julien écrit une lettre à Marie. Il _____ écrit une lettre.
2. Naïma donne la lettre à Marie. Elle _____ donne la lettre.
3. Marie montre la lettre à ses parents. Elle ______ montre la lettre.
4. Nicolas et Naïma proposent à Marie et Julien d'aller au cinéma.

   Ils ______ proposent d'aller au cinéma.
5. Marie téléphone à Julien. Elle _____ téléphone.

2 Direktes oder indirektes Objekt? Ersetze das Objekt durch das passende Pronomen.

1. J'aime mes parents. ______________________________
2. Tu cherches ta copine ? ______________________________
3. Nous ne comprenons pas les enfants. ______________________________
4. Vous écrivez aux profs ? ______________________________
5. Eric déteste le skate. ______________________________
6. Les copains écrivent à monsieur Rollin. ______________________________

Die Verben auf „-ir": „sortir, partir, dormir"

	sortir hinausgehen	**partir** weggehen	**dormir** schlafen
je	sor**s**	par**s**	dor**s**
tu	sor**s**	par**s**	dor**s**
il/elle/on	sor**t**	par**t**	dor**t**
nous	sort**ons**	part**ons**	dorm**ons**
vous	sort**ez**	part**ez**	dorm**ez**
ils/elles	sort**ent**	part**ent**	dorm**ent**

3 Vervollständige die Formen von sortir, partir und dormir.

j__ | s__ __ __

n__ __ __ | __ a__ __ __ __ __ __

i__ | s__ __ __

__ __ l__ __ | d__ __ __ __ __ __ __

__ __ __ __ | d__ __ __ __ z

Das Adjektiv

Anders als im Deutschen oder Englischen stehen die Adjektive im Französischen meistens **nach** dem Nomen:

C'est un	garçon	marrant.	Das ist ein	witziger	Junge.
	Nomen	Adjektiv		Adjektiv	Nomen

Es gibt allerdings einige **wenige**, aber sehr **häufig benutzte** Adjektive, die vor dem Nomen stehen.

C'est un	joli	garçon.	Das ist ein	hübscher	Junge.
	Adjektiv	Nomen		Adjektiv	Nomen

In **Numerus** und **Genus** richten sich die Adjektive nach dem **Nomen**, auf das sie sich beziehen:

	Singular	Plural
Maskulinum	–	-s
Femininum	-e	-es

C'est **un** livre marrant. — Ce sont ***des*** livres marrants.
C'est **une** lettre marrant**e**. — Ce sont ***des*** lettres marrant**es**.

Endet ein Adjektiv im **Maskulinum Singular** bereits auf **-*s***, muss im Plural logischerweise **kein weiteres *-s*** hinzugefügt werden, z. B. bei *mauvais*.

Ähnlich ist es bei Adjektiven, die im **Maskulinum Singular** auf ***-e*** enden: Bei der femininen Form wird **kein weiteres *-e*** hinzugefügt, z. B. bei *bizarre*.

Vor maskulinen Nomen, die mit **Vokal** oder **h** beginnen, wird in der Aussprache wieder gebunden: un gran**d‿a**telier – des grand**s‿a**teliers

Einige Besonderheiten solltest du dir besonders gut einprägen:
- Adjektive, die vor dem Nomen stehen: Lern sie – wo es geht – als Gegensatzpaare:

petit	klein	↔	grand	groß
bon	gut	↔	mauvais	schlecht
joli	hübsch,	autre	andere	

- Adjektive, die im Femininum eine Sonderform haben. Lerne sie zusammen mit der maskulinen Form:
  bon – bonne; nul – nulle; dernier – dernière; long – longue
- Adjektive, die unveränderlich sind: cool, super

4 Vervollständige die folgende Tabelle.

Singular		Plural	
Maskulinum	Femininum	Maskulinum	Femininum
joli	jolie	jolis	
petit	petite		petites
grand	grande	grands	
bon		bons	bonnes
	mauvaise	mauvais	mauvaises
marrant	marrante		marrantes
	bizarre		bizarres
content	contente	contents	
branché	branchée		branchées
long		longs	
dernier		derniers	dernières
	pauvre	pauvres	
nul			nulles
fatigué	fatiguée	fatigués	

5 Gleiche das Adjektiv an und füge den bestimmten Artikel hinzu.

1. _____ joli___ vue
2. _____ petit___ terrasses
3. _____ grand___ lit
4. _____ mauvais___ portraits
5. _____ café bizarre___
6. _____ cousine fatigué___
7. _____ artiste pauvre___
8. _____ radios branché___

6 Werden diese Adjektive vor oder nach das Nomen gestellt? Kreuze an.
Du hast 30 Sekunden Zeit!

vorangestellt		nachgestellt
	petit	
	bon	
	marrant	
	dernier	
	joli	

vorangestellt		nachgestellt
	content	
	branché	
	fatigué	
	grand	
	mauvais	

Vokabular aus der Lektion

7 Welche Worte sind gemeint?

1. Visiter, c'est faire une ______________________________.
2. La fille du frère de ma mère, c'est ma ______________________________.
3. Ils prennent l'avion et visitent des villes. Ce sont des ______________________________.
4. Deux jours, samedi et dimanche, c'est le ______________________________.
5. Je dors dans mon ______________________________.
6. Quand un immeuble est très grand, il y a souvent un ______________________________.
7. Il fait des portraits, c'est un ______________________________.
8. Une petite ville, c'est un ______________________________.
9. Je vais dormir parce que je suis ______________________________.

8 Wie sagt man auf Französisch? Kreuze die richtige Antwort an.

1. die Strasse zu Fuß überqueren
   - ☐ traverser la rue à pied
   - ☐ traverser la place avec le pied
   - ☐ aller à pied dans la rue
2. Es ist Schlussverkauf, machen wir einen Einkaufsbummel?
   - ☐ C'est le shopping, on va faire les courses ?
   - ☐ C'est les soldes, on va faire du shopping ?
   - ☐ C'est les soldes, je fais du shopping ?
3. Sie steigen in die Metro an der Haltestelle Notre-Dame.
   - ☐ Ils prennent des photos du métro à Notre-Dame.
   - ☐ Notre-Dame prend le métro à la station.
   - ☐ Ils prennent le métro à la station Notre-Dame.

4. Sie fotografiert ihren Freund.
   - [ ] Il prend sa copine en photo.
   - [ ] Elle prend son copain en photo.
   - [ ] Elle prend la photo de son copain.

5. Der Künstler macht schöne Porträts.
   - [ ] L'artiste fait des portraits branchés.
   - [ ] L'artiste propose des jolis portraits.
   - [ ] L'artiste fait des jolis portraits.

9 Setze die Dialogteile sinnvoll zusammen. Du kannst auf der Karte im Schülerbuch Seite 181 den Weg verfolgen.

Pardon, monsieur, je cherche Notre-Dame…	1	A	Après le Louvre, vous allez tout droit, puis vous avez le théâtre du Chatelet à gauche.
D'accord, la deuxième à droite…	2	B	Vous traversez la Seine, et Notre-Dame est à 200 mètres sur la gauche.
Bon, et après le Louvre ?	3	C	Notre-Dame ? Vous continuez tout droit et vous arrivez au Louvre.
Merci beaucoup, monsieur !	4	D	Puis vous prenez la deuxième à droite après le Chatelet. C'est la rue d'Arcole.
Oui, le théâtre du Chatelet, et puis ?	5	E	Bonne visite !

10 Wie lautet das Gegenteil?

1. à droite → ____________
2. devant → ____________
3. arriver → ____________
4. grand → ____________
5. bon → ____________
6. premier → ____________
7. commencer → ____________
8. adorer → ____________
9. un peu → ____________

Redemittel

11 Finde den Weg zu dem Smiley, der zu der folgenden Wegbeschreibung passt.

- Tu vas tout droit, puis tu prends la troisième rue à droite.
- Tu prends la première rue à droite et la deuxième à gauche.
- Tu continues, puis tu tournes à gauche, encore à gauche, puis à droite.
- Tu traverses la place et tu tournes à gauche après la place.
- Tu prends la deuxième à droite, et c'est là !

12 Welcher der beiden Sätze ist der richtige?

	A	B
1.	☐ Le cinéma, ça ne m'intéresse pas.	☐ Le cinéma, ça n'intéresse pas moi.
2.	☐ Il sort de la maison.	☐ Il sort la maison.
3.	☐ Elle fait le shopping.	☐ Elle fait du shopping.
4.	☐ Je demande le chemin aux touristes.	☐ Je demande les touristes au chemin.
5.	☐ Elle propose de faire une promenade.	☐ Elle propose faire une promenade.
6.	☐ Il aide aux filles pour les devoirs.	☐ Il aide les filles pour les devoirs.
7.	☐ Julien téléphone Naïma.	☐ Julien téléphone à Naïma.

Phonetik

22 **13** Versuch einmal, die folgenden Zungenbrecher nachzusprechen!

1. La jolie Zoé joue.
2. Mon cousin content trouve le temps trop long.
3. Jeudi, le jeune chat cherche le chemin du jardin.
4. Julie chante une jolie chanson.

[ʒ] [ʃ] [z] [k] [õ]

Wortfelder

14 Verbinde die Worte, die zu dem gleichen Wortfeld gehören. Es handelt sich jeweils um zwei oder drei Wörter.

ticket, métro, shopping, immeuble, chambre, ascenseur, soldes, artiste, lit, station, terrasse, portrait, magasin, dormir

Stratégie – Fehler vermeiden

15 Wo sind Fehler? Korrigiere die Fehler, die du findest.

a) **Verbformen:** Kreuze an, ob sie richtig oder falsch sind. Korrigiere die falschen Verbformen.

1. Vous dormes. ☐ Oui. ☐ Non. ____________________
2. Elles sortent. ☐ Oui. ☐ Non. ____________________
3. Elle sors. ☐ Oui. ☐ Non. ____________________
4. Tu va faire. ☐ Oui. ☐ Non. ____________________
5. Je dors. ☐ Oui. ☐ Non. ____________________
6. Tu cris. ☐ Oui. ☐ Non. ____________________

b) **Angleichung:** Gleiche in den folgenden Sätze die Nomen und Adjektive an:

1. A la fête, il y a des joli____ fille___ et des joli___ garçon___.
2. A l'interro, j'ai une bon____ ou une mauvais___ note ?
3. Zoé et Léa sont des fille___ marrant____ mais bizarre___.
4. Elle est fatigué___, mais content___.
5. Le temps est trop long____ quand on est fatigué____.

c) **Possessivbegleiter:** Kreuze die richtige Form an.

1. Farid prend une photo de ☐ **sa** ☐ **son** cousine.
2. Yasmine, tu montres ☐ **ta** ☐ **ton** CD à Farid ?
3. Naïma : ☐ **Ma** ☐ **Mon** cousin est très sympa !
4. Farid prend ☐ **leur** ☐ **leurs** tickets pour le métro.
5. Naïma et Farid montrent ☐ **leur** ☐ **leurs** appartement à Yasmine.

d) **Wortstellung:** Welcher der beiden Sätze ist der richtige?

1. ☐ Ça ne m'intéresse pas. ☐ Ça me n'intéresse pas.
2. ☐ Il ne prend la pas en photo. ☐ Il ne la prend pas en photo.
3. ☐ Elle me dit au revoir. ☐ Elle dit m'au revoir.
4. ☐ Elles ne vont pas faire les soldes. ☐ Elles ne vont faire pas les soldes.
5. ☐ Il va ne pas me proposer. ☐ Il ne va pas me proposer.

e) **Rechtschreibung:** Ergänze in den folgenden Sätzen die zehn fehlenden Akzente.

1. Vous etes fatiguees ?
2. Un cafe branche, ça vous interesse ?
3. Oui, s'il te plaıt !
4. C'est le deuxieme, la, a droite, devant le metro ?

Sehenswürdigkeiten in Paris

16 Ordne diesen Sehenswürdigkeiten den richtigen Namen zu.

1. la tour Eiffel	A	5. l'Arc de Triomphe	
2. le Sacré-Cœur		6. la pyramide du Louvre	
3. notre-Dame de Paris		7. le Centre Pompidou	
4. l'opéra Bastille		8. l'opéra de Paris	

Übersetzung

17 Übersetze den folgenden Text: Künstler in Paris. Schreibe in dein Heft.

Naïmas Cousine möchte Paris besichtigen. Farid geht mit den Mädchen um 10 Uhr los. Yasmina mag vor allem die hübschen Straßen in Montmartre und die coolen Künstler. Plötzlich schlägt ihr ein junger Mann vor, sie zu porträtieren. Das ist eine gute Idee. Kurze Zeit später zeigt er es den Mädchen. Die beiden lachen: Das Porträt ist zu witzig! Das wird eine gute Erinnerung sein.

Hören und schreiben

23 ◎ **18** Schau auf den Plan des *quartier Bastille* im Schülerbuch Seite 181. Die Reise fängt an dem *Place de la Bastille* an. Höre dir die Wegbeschreibung an und folge ihr. Wohin führt sie?

____

Hören und verstehen

24 ◎ **19** Höre dir das folgende Interview an. Anne de Villèle interviewt vier Personen. Wer sagt was?

	Dialog			
	1	2	3	4
C'est cool, ici.				
La ville est super.				
Il y a trop de touristes.				
J'aime ma cousine.				
J'aime... les bons restaurants.				
Moi, j'aime le Printemps.				
J'adore Montmartre.				
J'adore faire des promenades.				

Das Wesentliche verstehen

20 Lies im Schülerbuch Seite 63 den Text über Yannick Noah. Was ist richtig, was ist falsch?

		vrai	faux
1.	Yannick Noah quitte la France en 1963.		
2.	Il quitte la France pour 3 ans.		
3.	Dans sa jeunesse, il déteste la musique et le sport.		
4.	En 1977, c'est la victoire au tournoi junior de Wimbledon.		
5.	Il commence sa carrière de chanteur en 1992.		

Leçon 6

Die Verben „vouloir" und „pouvoir"

veux · veut · voulez · peux · peut · pouvez

	vouloir wollen	pouvoir können
je	**veux**	**peux**
tu	**veux**	**peux**
il/elle/on	**veut**	**peut**
nous	voul**ons**	pouv**ons**
vous	voul**ez**	pouv**ez**
ils/elles	veul**ent**	peuv**ent**

1 Finde die richtige Verbform.

je ______________ euvx

on ______________ tepu

tu ______________ xupe

elles ______________ lenutev

nous ______________ ovulons

vous ______________ vepuzo

Die Bildung des „Participe passé"

parlé · monté · laissé · joué · imaginé · eu · été · voulu · fait · dit · compris · lu

Bei der Bildung des ***Participe passé*** (Partizip Perfekt) musst du zwischen **regelmäßigen** und **unregelmäßigen** Verben unterscheiden.
Die **regelmäßigen** Verben auf ***-er*** bilden das ***Participe passé*** auf ***-e***, die Verben auf ***-ir*** bilden es auf ***-i***.

invit**er**	→ invit**é**	ein**ge**laden	donn**er**	→ donn**é**	**ge**geben
dorm**ir**	→ dorm**i**	**ge**schlafen	part**ir**	→ part**i**	weg**ge**gangen

Das ***Participe passé*** der unregelmäßigen Verben kann man nicht ableiten, man muss es lernen.

avoir	→ j'ai	**eu**	**faire**	→ j'ai	**fait**
être	→ j'ai	**été**	**dire**	→ j'ai	**dit**
lire	→ j'ai	**lu**	**écrire**	→ j'ai	**écrit**
vouloir	→ j'ai	**voulu**	**prendre**	→ j'ai	**pris**
pouvoir	→ j'ai	**pu**	**apprendre**	→ j'ai	**appris**
voir	→ j'ai	**vu**	**comprendre**	→ j'ai	**compris**

Lerne bei den unregelmäßigen Verben gleich das *Participe passé* mit. Das hilft auch, wenn du überlegst, ob das Verb zu einer Gruppe von unregelmäßigen Verben gehört (z.B.: *-t*, *-u*). Wenn du dir unsicher bist, schlage immer (z.B. in der Grammatik) nach – auch so prägen sich die unregelmäßigen Formen ein.

2 Welche Endung hat das ***Participe passé***? Kreuze an.

		é	i	u	s	t
a	vouloir					
b	traverser					
c	prendre					
d	sortir					
e	jouer					
f	faire					
g	être					
h	dire					
i	répéter					
j	pouvoir					
k	partir					
l	écrire					
m	apprendre					
n	penser					
o	travailler					

Das „Passé composé" (I) mit „avoir"

j'ai trouvé

tu as travaillé

il/elle/on a terminé

nous avons regardé

vous avez pensé

il/elle/on a oublié

W Du kennst im Französischen bereits zwei Zeiten: Das ***Présent*** (Gegenwart) und das ***Futur composé*** („zusammengesetzte Zukunft").

Nicolas **téléphone** à Julien.	Nicolas **telefoniert** mit Julien.
Ils **vont aller** au cinéma.	Sie **werden** ins Kino **gehen**.

Wenn du Handlungen und Vorgänge in der **Vergangenheit** ausdrücken möchtest, kannst du im Französischen das ***Passé composé*** verwenden.

Hier, **j'ai téléphoné** à Julien.	Gestern **habe** ich mit Julien **telefoniert**.
Nous **avons parlé** du cinéma.	Wir **haben** über das Kino **gesprochen**.

Das ***Passé composé*** wird meistens aus einer **Präsensform des Hilfsverbs avoir** und dem ***Participe passé* des Verbs** gebildet.

Elle **a** **travaillé**.
↑ ↑
Hilfsverb **Participe passé**

In der Verneinung wird auch im ***Passé composé*** das **konjugierte Verb** von der Verneinung umschlossen, das Partizip folgt nach.

Elle **n'a pas** **travaillé**.
↗ ↑ ↖ ↑
Verneinung (1) **Hilfsverb** **Verneinung (2)** **Participe passé**

- Wenn du das Verb *avoir* noch nicht sicher konjugieren kannst, solltest du es gründlich wiederholen — sonst machst du auch beim *Passé composé* viele Fehler. Schau daher noch einmal auf die Seiten 20/21.
- *Passé composé* heißt „zusammengesetzte Vergangenheit".
  Die Bestandteile, aus denen es zusammengesetzt wird, sind
  1. eine konjugierte Form von *avoir* und
  2. ein *Participe passé*.

Achte also immer darauf, dass du beide Bestandteile in deinem Satz verwendest.

3 Setze die Präsensformen in den folgenden Sätzen in das ***Passé composé.***

1. Nous apprenons nos rôles. ____________________
2. Julien ne craque pas. ____________________
3. Les garçons jouent de la batterie. ____________________
4. Je ne parle pas aux profs. ____________________
5. Vous faites une bêtise. ____________________
6. Tu demandes pardon à ton copain. ____________________

Das „Passé composé" (II) mit „être"

elle est rentrée

tu es allé

nous sommes arriveés

vous êtes partis

je suis parti

elles sont montées

il est sorti

Wie im Deutschen und im Englischen gibt es auch im Französischen einige Verben, die das ***Passé composé*** mit ***être*** bilden.

Ich **bin** gegangen. Je **suis** allé(e).

Dies gilt allerdings nur für einige **wenige** Verben: je suis allé(e), tu es arrivé(e), il est entré(e), je suis monté(e), tu es resté(e), je suis sorti(e), tu es parti(e), il est retourné(e), je suis rentré(e).

! Anders als beim *Passé composé* mit ***avoir*** richtet sich beim *Passé composé* mit ***être*** das ***Participe passé*** in **Genus** und **Numerus** nach dem **Subjekt** des Satzes. Die Angleichung kennst du schon von den **Adjektiven.**

Julien	est rentré	du théâtre.
Cécile	est retourné**e**	à la maison.
Les copains	sont allé**s**	au cinéma.
Les amies	sont parti**es**	ensemble.
Julien et **Cécile**	sont arrivé**s**	à 15 heures.

Bei den Personalpronomen ***je, tu, nous*** und ***vous*** musst du überlegen, welche Personen die Pronomen ersetzen.

Julien : **Je** suis rentré.
Cécile : **Je** suis retourné**e** au théâtre.

Julien et **Nicolas** : **Nous** sommes parti**s**.
Cécile et **Nathalie** : **Nous** sommes arrivé**es**.
Nicolas et **Nathalie** : **Nous** sommes retourné**s** au théâtre.

Lasse dich nicht vom Deutschen irreführen: Nur die Verben aus dem „être-Haus" bilden das *Passé composé* mit *être*. Alle anderen bilden es mit *avoir*. Am besten lernst du sie im *Passé composé* gleich mit dem Hilfsverb: je suis allé, je suis arrivé...

4 Setze die folgenden Präsensformen in das *Passé composé*.

1. Nous partons avec nos parents. ______
2. Julien ne reste pas à la maison. ______
3. Les garçons arrivent au théâtre. ______
4. Je rentre à 6 heures. ______
5. Tu vas à la tour Eiffel ? ______
6. Pauline va dans les coulisses. ______
7. Le soir, Eric retourne au théâtre. ______
8. Vous sortez avec les copains ? ______
9. Marie et Julien entrent dans le théâtre. ______
10. Mais elles ne montent pas sur la scène. ______

Die Verben „répéter" und „voir"

répète, répétez, répètent, vois, voyons, voient

	répéter wiederholen	**voir** sehen
je	répète	vois
tu	répètes	vois
il/elle/on	répète	voit
nous	répétons	voyons
vous	répétez	voyez
ils/elles	répètent	voient
j'ai	répété	**vu**

Bei beiden Verben musst du nur auf wenig achten:
- répéter: im Singular und in der 3. Person Plural ändert sich der Akzent.
- voir: in der 1. und 2. Person Plural ändert sich das -i- zu -y-. Im Passé composé gehört voir zur -u-Gruppe: j'ai vu

5 Die Verben ***répéter*** und ***voir*** – Finde das passende Verb in der richtigen Form.

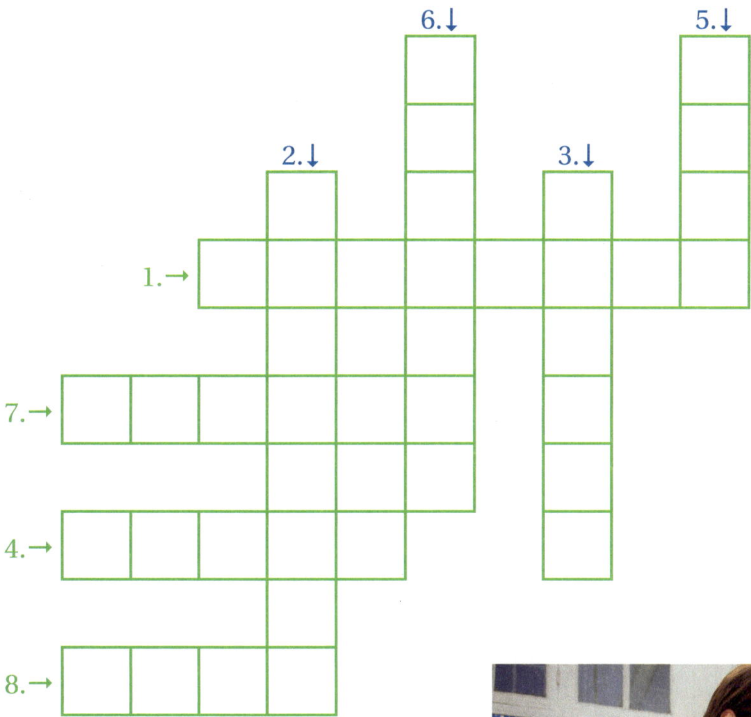

Horizontalement
1) 1. Person Plural
4) 2. Person Plural
7) 1. Person Singular
8) 3. Person Singular

Verticalement
2) 3. Person Plural
3) 1. Person Plural
5) 1. Person Singular
6) Infinitiv

Die Stellung der Objektpronomen bei „vouloir, pouvoir, il faut“ + Infinitiv

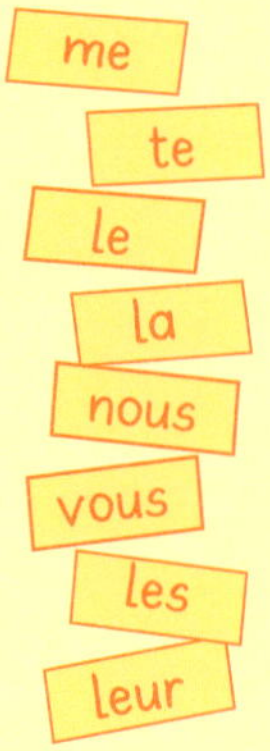

W Du kennst bereits die **Stellung** der **direkten** und **indirekten Objektpronomen** (***me, te, le, la, l', nous, vous, les, leur***) im ***Futur composé***.

Tu lis **la lettre** ? – Non, mais je vais **la** lire.

Wie beim ***Futur composé*** stehen auch bei anderen **Verben mit Infinitivanschluss** die Objektpronomen **vor** dem **Infinitiv**.

Papa, je peux regarder **le film** ? – Oui, tu peux **le** regarder.

Die **Verneinung** umschließt wieder das **konjugierte Verb**.
Tu veux lire **le livre** ? – Non, je **ne veux pas le** lire.

6 Bilde aus den Satzbausteinen Sätze.

1. Je / le / veux / faire. — Je ____________________
2. Tu / peux / pas / la / ne / lire. — Tu ____________________
3. Il / ne / faut / dire. / le / pas — Il ____________________
4. Nous / pouvons / pas / ne / lui / parler. — Nous ____________________
5. Vous / pas / voulez / téléphoner ? / ne / lui — Vous ____________________
6. Elles / veulent / leur / pardon. / demander — Elles ____________________

Freizeitaktivitäten

7 Vervollständige zu jedem Bild den Satz. Achte dabei auf die Zeit.

Aujourd'hui, je ____________________

Hier, elles ____________________

Demain, vous ____________________

Aujourd'hui, nous ____________________

Demain, Nicolas ____________________

Hier, tu ____________________

Übersetzung

8

Ein Buch für Mama?
Im MJC fragt der Animateur: „Gestern habt ihr Theater, Tanz und Schlagzeug gemacht. Was möchtet ihr morgen machen?" „Morgen können wir Sport machen!" „Einverstanden. Ich schlage euch Schwimmen vor." „Oh nein, wir sind (schon) letzte Woche geschwommen und das Schwimmbad ist blöd." „Was können wir also (sonst) machen?" „Ich habe Sonntag am Square Trousseau Tischtennis gespielt. Das ist genial." „Eine tolle Idee. Und danach machen wir einen Einkaufsbummel. Ich suche noch ein Buch für meine Mutter. Donnerstag wird sie 39."

____

____

____

____

____

____

____

____

9 Vervollständige die Tabelle mit den Freizeitaktivitäten und füge den Artikel dazu.

le	ju______	______	dan______	______	ath______
______	vol______	______	pia______	______	bat______
______	fo______	______	thé______	______	sho______
______	pin______	______	nat______	______	esc______
______	ten______	______	des______	______	gui______
______	vé______	______	mu______	______	sp______

Vervollständige die folgenden Sätze mit *du*, *de la* oder *de l'*.

1. Julien fait ________ musique, ________ sport et ________ dessin.
2. Anne fait ________ tennis, ________ natation et ________ escalade.
3. Eric fait ________ guitare, ________ batterie et ________ judo.

Theaterwortschatz

10 Finde die Wörter und das Lösungswort.

1. Il joue un rôle.
2. On fait du théâtre sur la…
3. On la joue.
4. Il faut… son rôle.
5. les vêtements pour jouer au théâtre
6. Un acteur a un… dans une pièce.
7. Derrière la scène on trouve les…
8. Il faut une… générale pour jouer une pièce de théâtre.

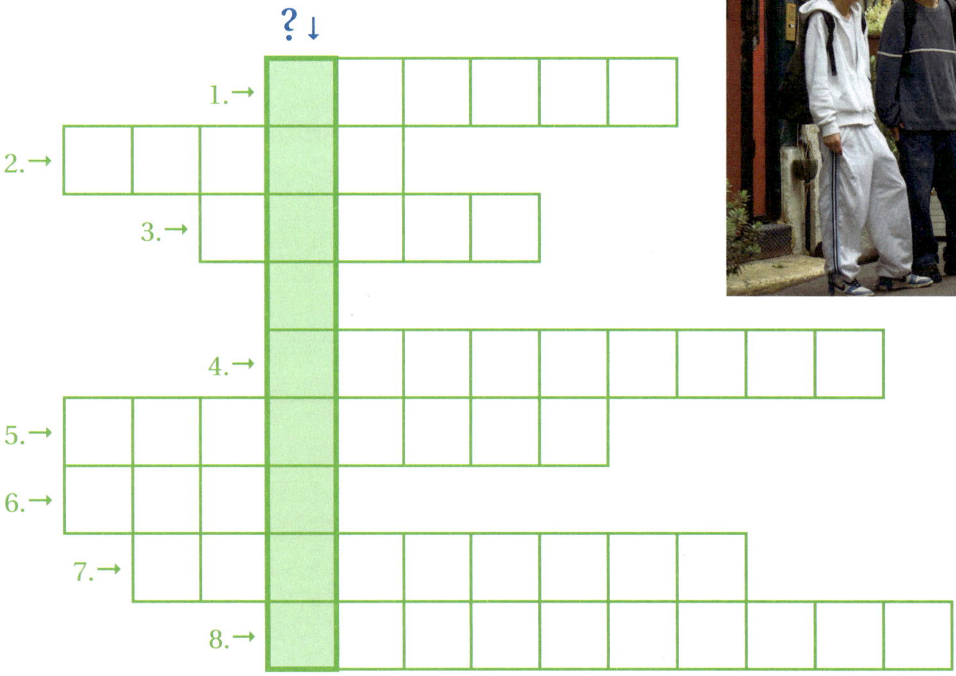

11 Lies den Reim zum Theaterwortschatz und lerne ihn auswendig!

Pour une pièce de théâtre,

Il faut un animateur,
Des rôles et des acteurs.

Il faut des répétitions,
Des textes et des chansons.

En coulisse on est nerveux,
Mais sur la scène on est heureux[1].

12 Drücke das Gegenteil aus.

Je suis fatiguée.	≠	Je suis ________
Ils sont contents.		Ils sont ________
Le prof pose une question.		Naïma donne la ________
Les enfants jouent devant la maison.		Ils jouent ________ la maison.
Un chien sous la table ?		Un chien ________ la table ?
Avec moi.		________ moi.

13 Übersetze die „kleinen Ausdrücke".

1. seit gestern ________
2. Er ist überall. ________
3. auf dem Bett und unter dem Bett ________
4. Ich sehe sie oft. ________
5. ohne die Listen ________
6. als Sport ________
7. Sie ist nur verliebt. ________

1 **heureux/heureuse** glücklich

Redemittel

14 Finde den richtigen Ausdruck für eine bestimmte Situation:

	a)	b)	c)
1. A la répétition générale, les acteurs sont	☐ d'accord.	☐ nerveux.	☐ intéressants.
2. Je ne suis pas d'accord ! Je suis très	☐ en colère.	☐ contente.	☐ jolie.
3. Elle est très fatiguée, elle n'est pas	☐ contente.	☐ cool.	☐ en forme.
4. Il aime beaucoup sa copine, il est	☐ très amoureux.	☐ acteur.	☐ mauvais.
5. Elle ne veut pas parler à son copain, elle	☐ est sympa.	☐ est de Paris.	☐ fait la tête.
6. Sa copine est partie, il est	☐ triste.	☐ grand.	☐ branché.

15 Wie sagst du auf Französisch?

1. Sie (= 3 Jungen) haben Fortschritte gemacht. ______________________
2. Du hast viel gearbeitet! ______________________
3. Wir (= 2 Mädchen) sind nicht bereit. ______________________
4. Sie hat keine Lust zu klettern. ______________________
5. Wer kann mir helfen? ______________________
6. Wie konnte er das machen? ______________________
7 Sie spielt ihr einen Streich. ______________________
8 Sie bittet uns um Entschuldigung. ______________________
9. Man muss sie anrufen. ______________________

Phonetik, Rechtschreibung

16 Setze die Akzente, sprich die Sätze dann laut. Unterscheide dabei zwischen *é* und *è*.

1. Elle aime le dessin, le velo, la video et l'escalade. 2. A la repetition generale, ils ont joue la piece et ils ont fait des progres. 3. Tu n'est pas prete pour le role, Cecile. 4. Cher Jeremy, chere Lea, ne faites pas de betises ! 5. Je repete, nous repetons, vous repetez, ils repetent !

17 Setze die richtige Endung ein.

1. Pendant les répétition ______ elles sont très nerveu ______ et elles ne sont pas patient ______ !
2. Léa n'est pas prêt ______ : elle est amoureu ______ .
3. Les vidéo ______ sont très ch __________ (cher).
4. Il faut trouver des vrai ______ solution ______ . C'est difficil ______ !

Hören und schreiben

28 **18** Höre den Text zweimal an und schreibe die Wörter auf, die fehlen.

1. ____________________ 4. ____________________ 7. ____________________
2. ____________________ 5. ____________________ 8. ____________________
3. ____________________ 6. ____________________

Ein Theaterstück

19 Lies einen Teil des Stücks und beantworte die Fragen. Im Theaterstück haben die Schauspieler und ihre Rollen den gleichen Namen.

Probesaal. Schlagzeug, E-Gitarre, Bass-Gitarre, Keyboard, 2 Standmikrofone. Ein Polizeikostüm hängt an einem Kleiderständer. Zwei Sprecher: A und B.

A Salut ! Tu vas bien ?
B Oui, ça va, merci.
A Tiens ! Aujourd'hui, il y a une répétition du groupe « Police » à la MJC.
B Ah ? Le groupe de rock ? Tu veux y aller ?
A Pourquoi pas ? J'aime bien leur musique.
B Et puis, c'est vrai, leur idée de s'appeler « Police », c'est marrant.
A Ils prennent aussi des chansons de « Police » ?
B Le groupe avec Sting ? Oui, ils chantent leurs chansons.
A Ils ont eu une super idée: ils ont un costume de policier pour les concerts.
B C'est marrant… Mais ils ont des problèmes.
A Ah bon ?
B Oui, ça ne va pas entre Pauline et Marie.
A Encore une histoire de garçon, c'est ça ?
B Eh oui ! Pauline est amoureuse de Julien, mais c'est Marie, la copine de Julien.
A Et Julien ? Qu'est-ce qu'il veut ?
B Ça ne va pas très bien entre Julien et Marie, mais Marie ne veut pas quitter Julien.
A Ah ! L'amour !

B Mais ils ont des problèmes encore plus difficiles. Tu vas voir.
A Tiens, regarde : Julien arrive pour la répétition.

Die beiden gehen beiseite und beobachten die Szene. Julien kommt herein. Er räumt die Instrumente hin- und her, da klingelt sein Handy.

Julien Allô… Ah, salut, Nicolas. Ça va ? … Quoi ? Marie ne veut pas chanter ? Mais pourquoi ? … Oh, non ! Ce n'est pas possible ! Encore des histoires… Oui, je vais lui parler. Tu arrives quand ? D'accord, je suis déjà là. A tout de suite. Oh, zut ! Les filles ont toujours des problèmes… *(Er legt auf.)*
Naïma *(Kommt herein und hat die Bemerkung von Julien gehört. Sie lacht.)* Comment ça, « les filles ont toujours des problèmes » ? J'ai des problèmes, moi ? Ah, ah !
Julien *Er küsst (la bise) Naïma.* Ah ! Salut, Naïma ! Mais non, avec toi, il n'y a jamais* de problèmes !
Naïma C'est avec Marie, c'est ça ?
Julien Oui, ça ne va pas bien avec Marie.
Naïma Mais elle t'aime, non ?
Julien Je ne suis pas sûr. Oui, elle dit qu'elle m'aime, mais elle n'est jamais contente. Et maintenant, elle ne veut plus chanter !
Naïma Quoi ? Mais on a bientôt un concert !
Julien Nicolas m'a dit que c'est seulement une menace*. Je vais lui parler.
Naïma Bof, c'est du chantage*.
Julien Normal, c'est une chanteuse !* *(Sie lachen beide. Pauline kommt herein.)*
Pauline *(la bise) Naïma.* Salut, Naïma, salut, Julien ! *Als Pauline Julien küssen möchte, gibt er ihr aus Spaß einen Handkuss.*
Julien Salut, belle Pauline !
Pauline *(Sie lacht.)* Mais arrête, Julien ! On n'est pas au théâtre !
Julien Mais si, on est au théâtre !

---

ne…jamais nie **une menace** eine Bedrohung **le chantage** Erpressung **un chanteur/une chanteuse** ein Sänger/eine Sängerin

		Vrai	Faux
1.	Le groupe, c'est un groupe de rock.		
2.	Marie aime Julien.		
3.	Pauline ne veut pas chanter.		
4.	Julien a des problèmes avec Marie.		
5.	Julien a des problèmes avec Pauline.		

Leçon 7

Die Verben „acheter", „essayer" und „préférer"

acheter · essayer · payer · péfère · répéter · achète · essaie · préférez · essayez · préféré · achetons · essayé

	acheter	kaufen		**essayer**	versuchen
j'	ach**è**te		j'	essa**i**e	
tu	ach**è**tes		tu	essa**i**es	
il/elle/on	ach**è**te		il/elle/on	essa**i**e	
nous	ach**e**tons		nous	essa**y**ons	
vous	ach**e**tez		vous	essa**y**ez	
ils/elles	ach**è**tent		ils/elles	essa**i**ent	
j'ai	acheté		tu as	essayé	ebenso : **payer**

	préférer	vorziehen
je	préf**è**re	
tu	préf**è**res	
il/elle/on	préf**è**re	
nous	préf**é**rons	
vous	préf**é**rez	
ils/elles	préf**è**rent	
vous avez	préféré	

ebenso : **répéter**

Die Regel, nach der die Verben *acheter*, *essayer/payer* und *préférer* Schreibweise und Aussprache ändern, hat du schon in Lektion 6 bei *répéter* kennen gelernt:
- Im Singular und in der 3. Person Plural ändert sich der Akzent/ bzw. *-y-* wird zu *-i-*.

Maman, tu m'achètes des bonbons ?

1 Ergänze die Tabelle mit den Formen von *acheter* [a], *essayer* [e], *payer* [p], *répéter* [r], *préférer* [pr].

a	j'achète	a	nous ______	a	tu ______
e	on ______	e	vous ______	e	elles ont ______
p	ils ______	p	ils ont ______	p	tu ______
e	tu ______	e	nous ______	e	je/j' ______
a	ils ______	a	vous ______	a	nous avons ______
r	elle ______	r	elle a ______	r	nous ______
a	il ______	p	vous ______	a	tu ______
pr	elles ______	pr	nous ______	pr	elle ______

Das Verb „mettre"

mets · mettons · mettre · mettez · mettent · mis

	mettre	setzen/stellen/legen	
je	mets		Mets…
tu	mets		Mettons…
il/elle/on	met		Mettez…
nous	mettons		
vous	mettez		j'ai **mis**
ils/elles	mettent		

- Das Verb „mettre" wird sehr häufig gebraucht. Es hat viele Bedeutungen, z. B. (Kleidung) anziehen, (den Tisch) decken, (hin)legen, (hin)stellen, …
- Außerdem musst du darauf achten, es nicht mit dem englischen Verb „to meet s.o." (jdn. treffen) zu verwechseln. Du hast aber schon gelernt, dass „treffen" auf Französisch „rencontrer qn" heißt.

2 Setze die richtige Verbform ein und finde die passende deutsche Bedeutung.

1. Où est-ce que vous __________ les vêtements ?
2. Aujourd'hui, Julien ________ son nouvel anorak.
3. __________ la table pour cinq personnes.
4. J'ai ________ mon appareil photo sur le banc. Est-ce que tu l'a pris ?
5. Je ________ ce pull pour la fête. Et toi, qu'est-ce que tu ________ ?
6. Les élèves __________ les vélos dans la cour.

anziehen
anziehen
hinlegen
(ab)stellen
decken
legen

Demonstrativbegleiter und Interrogativbegleiter

Quel… ?
ce
Quelle… ?
cet
cette
Quels… ?
Quelles… ?
ces
Quel… ?
cette

Demonstrativbegleiter weisen auf **bestimmte** Personen oder Sachen hin.
Interrogativbegleiter fragen nach **genaueren Informationen** zu einer Sache/einer Person.

Demonstrativbegleiter		**Interrogativbegleiter**	
J'aime **ce** CD.	**diese**	Tu aimes **quel** CD ?	**welche**
J'aime **cet**‿acteur.	**diesen**	Tu aimes **quel** acteur ?	**welchen**
J'aime **cette** BD.	**diese**	Tu aimes **quelle** BD ?	**welche**
J'aime **ces**‿acteurs.	**diese**	Tu aimes **quels** films ?	**welche**
J'aime **ces** BD.	**diese**	Tu aimes **quelles** BD ?	**welche**

Demonstrativbegleiter und **Interrogativbegleiter** richten sich in Numerus und Genus nach dem Nomen, auf das sie sich beziehen.

Sowohl „quel" als auch „ce" werden nach den gleichen Regeln angeglichen wie die Adjektive.

	m.	f.
Singular	quel	quelle
Plural	quels	quelles

m.	f.
ce/cet	cette
ces	

3 Vervollständige mit *ce*, *cet*, *cette*, *ces*.

masc.	le → ce		l' → cet
fém.	la, l' → cette		
plur.	les → ces		

1. ________ après-midi, on fait les soldes.
2. On regarde ________ fringues dans le magasin ?
3. Tu aimes ________ couleur ? Je la déteste.
4. ________ vendeur n'est pas sympa.
5. Pour la fête, j'aime ________ ambiance.
6. Tu préfères ________ invité ou ________ invitée ?

4 Marie und Naïma sind in einem Kleidergeschäft. Vervollständige den Dialog.

masc.	le, l' → quel	?
fém.	la, l' → quelle	
plur.	les → quels, quelles	

Naïma : Regarde

le	jean !
	t-shirt !
	jupe !
	pantalon !
	chaussures !
	veste !
	anorak !
	écharpe !
	casquettes !
	minijupe !
	sac à dos !
	robe !

Marie :

Quel	jean ?
	t-shirt ?
	jupe ?
	pantalon ?
	chaussures ?
	veste ?
	anorak ?
	écharpe ?
	casquettes ?
	minijupe ?
	sac à dos ?
	robe ?

Adjektive

5 Finde die Buchstaben für den Lösungssatz mit Hilfe der Farben. Beispiel: der erste Buchstabe ergibt sich aus „*vert* et *gris*“. In der Tabelle findest du dann den Buchstaben „C“.

Finde den Lösungssatz ☺

	noir	marron	gris	beige	blanc
rouge	A	B	S	D	I
jaune	F	Q	G	H	J
vert	P	N	C	K	M
bleu	O	L	E	T	R

C	’													

6 Veränderlich oder nicht?

Farbadjektive sind besonders tückisch. Aber du kannst sie leicht in den Griff kriegen, wenn du dir drei Dinge merkst:

- Ist schon ein „e“ am Ende vorhanden, ist die weibliche Form unverändert.
- Ist schon ein „s“ am Ende vorhanden, ist der Plural unverändert.
- Adjektive, die sich von farbigen Gegenständen ableiten, sind unveränderlich: „marron“ = Kastanie; „orange“; „aubergine“; „caramel“.

Schreibe in die Tabelle die Farbadjektive, die du schon kennst.

Normal veränderlich: weiblich : + e Plural : + s	Nur im Plural veränderlich: Plural : + s	Schon ein „s“ am Ende vorhanden, also Plural unverändert:	Unveränderlich	Unregelmäßig
______	______	______	______	______
______	______	______	______	______
______	______	______	______	______

Gleiche die Farbadjektive an.

1. la jupe rouge______
2. les idées noire______
3. la maison blanc______
4. les portes vert______
5. les costumes gris______
6. l'anorak marron______
7. une veste bleu______
8. des écharpes jaune______
9. la casquette beige______

Die Adjektive „beau, nouveau, vieux"

beau
bel
beaux
belles
belle
nouvelle
nouveau
nouvelles
nouveaux
vieil
vieux
vieille
vieux
vieilles

W Du kennst schon unregelmäßige **Verben**.

Nun lernst du drei unregelmäßige **Adjektive**, die alle **vor** dem Nomen stehen.

	beau	nouveau	vieux
Singular	un **beau** film	un **nouveau** film	un **vieux** film
	un **bel** avion	un **nouvel** avion	un **vieil** avion
	une **belle** maison	une **nouvelle** maison	une **vieille** maison
Plural	des **beaux** films	des **nouveaux** films	des **vieux** films
	des **beaux** amis	des **nouveaux** amis	des **vieux** amis
	des **belles** maisons	des **nouvelles** maisons	des **vieilles** maisons

Diese drei Adjektive sind unregelmäßig. Sie stehen vor dem Substantiv.
Einiges musst du dir merken:
- Der Maskulinum Plural wird mit „x" gebildet. Bei vieux steht im Singular schon ein „x", also verändert sich das Adjektiv im Maskulinum Plural nicht.
- Weibliche Formen bildet man mit „-lle".
- Vor Vokalen ähnelt die männliche Form (bel, nouvel, vieil) der weiblichen: un vieil acteur

7 *Beau*, *nouveau*, *vieux*

Vervollständige zunächst die Tabelle.

Maskulinum Singular		nouveau		pantalon, t-shirt
			vieil	anorak, acteur
Femininum Singular	belle		vieille	jupe, robe

Maskulinum Plural		nouveaux		jeans, pantalons
Femininum Plural	belles			chaussures

Füge jetzt in den folgenden Sätzen die Adjektive hinzu.

1. C'est un b__________ acteur, c'est une b__________ actrice.
2. Ce sont des n__________ acteurs.
3. J'ai des n__________ chaussures, elles sont très b__________.
4. Où sont mes v__________ chaussures ? Je ne les trouve pas.

Brad Pitt, un bel acteur

Marion Cotillard, une belle actrice

Die unverbundenen Personalpronomen

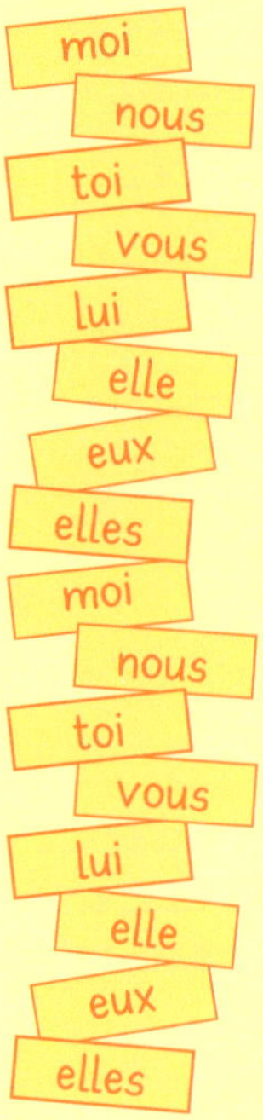

W Du kennst bereits die Subjektpronomen ***je, tu, il, elle, on, nous, vous, ils, elles.*** Sie werden immer mit einem Verb verwendet. Sie sind also mit dem Verb **verbunden**.

Es gibt im Französischen auch **unverbundene** Personalpronomen. Sie stehen in keiner Verbindung mit einem Verb.

Qui part maintenant avec Nathalie ?	Wer geht jetzt mit Nathalie?
– **Moi**.	– **Ich**.
Est-ce que Luc part avec **vous** ?	Geht Luc mit **euch** weg?
Luc ? **Lui**, il veut rester !	Luc? **Der** bleibt noch!
Mais **nous**, nous venons avec **toi**.	Aber **wir** kommen mit dir mit.

	1. Person	2. Person	3. Person
Singular	**moi**	**toi**	**lui/elle**
Plural	**nous**	**vous**	**eux** [ø] / **elles**

Unverbundene Personalpronomen werden verwendet
- in **verkürzten Sätzen** ohne Verb (*Moi.*)
- nach **Präpositionen** (*avec vous, sans elle*)
- zusammen mit verbundenen Personalpronomen zur besonderen **Betonung** der Person (*Nous, nous venons…*)

Viele unverbundene Personalpronomen haben die gleiche Form wie die verbundenen Personalpronomen. Neu sind nur einige Formen.

	1. Person	2. Person	3. Person
Singular	moi	toi	lui/elle
Plural	nous	vous	eux [ø]/elles

8 Setze das passende unverbundene Personalpronomen ein.

1. « Fabien et Luc vont faire du skate aujourd'hui.

   Vous allez avec________ ? »
2. « __________ nous faisons les magasins pour acheter des fringues pour la fête de Julien. »
3. « Est-ce que Zoé vient avec _________ ? »
4. « ________ ? Mais non, elle est nulle. »
5. « Regarde, Naïma. ________, je prends ce pull jaune. Et _______, qu'est-ce que tu prends ? »
6. « J'ai bien aimé les jupes de Caroline et de Nathalie. Je vais faire comme ________, je vais mettre ma jupe bleue. »

Phonetik

29 **9** Moi, je suis noir !

Höre die Worte, sprich sie nach und kreuze an, welchen Laut oder welche Laute du hörst: [ɥi] wie in „*suis*", [wa] wie in „*moi*" oder [war] wie in „*noir*"?

	[ɥi]	[wa]	[war]
1			
2			
3			
4			
5			

	[ɥi]	[wa]	[war]
6			
7			
8			
9			
10			

	[ɥi]	[wa]	[war]
11			
12			
13			
14			

30 **10** V comme Victor

Im Französischen ist das „v" immer stimmhaft, wie in „werden". Sprich folgende Wörter nach und achte darauf. Überprüfe deine Aussprache danach.

1. Victor vole un vélo.
2. C'est votre veste verte ?
3. C'est vrai ? Vendredi, vous avez vu votre voisine Valérie Vidal ?
4. Je veux vite visiter la ville !

[v]

Redemittel

11 Qu'est-ce que tu achètes ?

Was sagst du auf Französisch? Kreuze die richtige Antwort an.

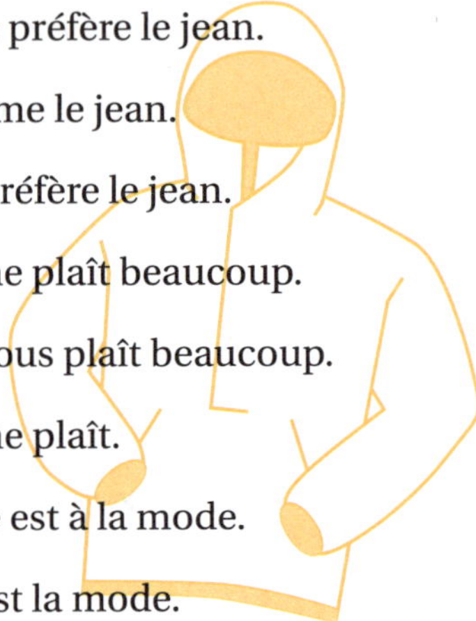
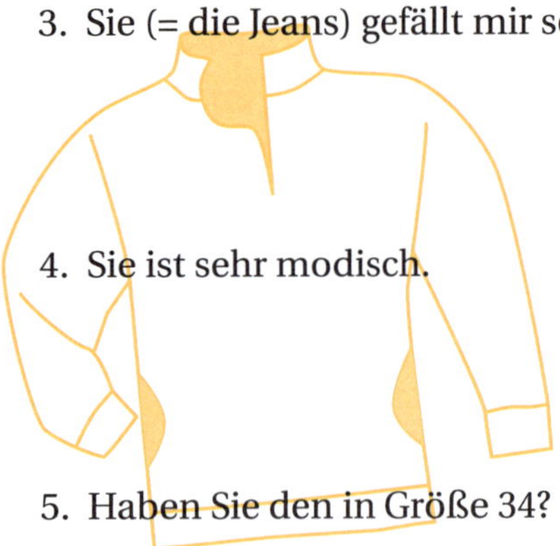

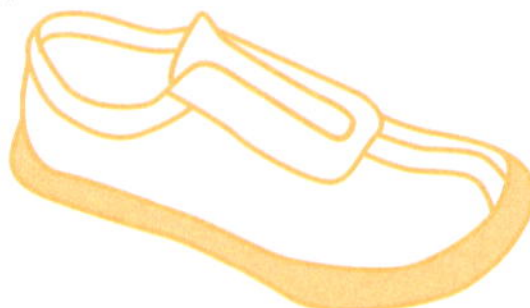

1. Kaufst du den Rock?
   - ☐ Tu achètes la robe ?
   - ☐ J'achète la robe ?
   - ☐ Tu achètes la jupe ?
2. Ich mag die Jeans lieber.
   - ☐ Elle préfère le jean.
   - ☐ J'aime le jean.
   - ☐ Je préfère le jean.
3. Sie (= die Jeans) gefällt mir sehr.
   - ☐ Il me plaît beaucoup.
   - ☐ Il nous plaît beaucoup.
   - ☐ Il me plaît.
4. Sie ist sehr modisch.
   - ☐ Elle est à la mode.
   - ☐ C'est la mode.
   - ☐ Il est très à la mode.
5. Haben Sie den in Größe 34?
   - ☐ Vous l'avez en taille 34 ?
   - ☐ Je fais du 34.
   - ☐ C'est la taille 34.
6. 34 passt dir aber nicht!
   - ☐ Mais tu ne mets pas de 34 !
   - ☐ Mais le 34, ça ne te va pas !
   - ☐ Tu ne fais pas du 34 !
7. Du musst es anprobieren!
   - ☐ Tu peux l'essayer !
   - ☐ Tu dois l'essayer !
   - ☐ Tu l'essayes !
8. Siehst du? Sie ist zu klein für dich.
   - ☐ Tu vois ? Il est trop petit pour toi.
   - ☐ Tu vois ? Elle est trop petite.
   - ☐ C'est trop petit pour moi.

9. Probier die Größe 36.
- ☐ C'est la taille 36.
- ☐ Cherche la taille 36.
- ☐ Essaie la taille 36.

10. Siehst du! Diese Jeans passt dir sehr gut.
- ☐ Tu vois ! Ce jean ne te va pas.
- ☐ Tu vois ! Ce jean te va très bien.
- ☐ Tu vois ! Elle te va très bien.

Präpositionen, Adverbien

12 Übersetze die folgenden Sätze und Fragen.

1. Endlich bist du da!	Tu es ______________________ là !
2. Gehen wir gleich?	On part ______________________ ?
3. Ich will vor 6 gehen.	Je veux partir ______________________ 6 heures.
4. Nimmst du einen Rucksack?	Tu ______________________ un sac à dos ?
5. Nein, ich nehme nichts mit.	Non, ______________________ .
6. Nimm wenigstens deine Tasche.	Prends ______________________ ton sac.
7. Nein, ich nehme sie nie mit.	Non, je __________ le prends __________ .

Hörleseverstehen

31 **13** Les soldes !

Du bist in einem Kleidergeschäft in Frankreich. Schau dir zunächst die verschiedenen Plakate mit den tollen Angeboten an. Höre danach die Ansagen im Geschäft. Zu welchem Plakat passt welche Ansage?

1

Pantalon
« Kelvin Petit »
taille L à XXL
~~89,90 €~~
– 10%
80 € !!

2

50 % 50 % 50 %
Tous les t-shirts à moitié prix !
Profitez de nos prix fous !
quelques exemples :
T-shirts **Milano**
5 € au lieu de 10 €
T-shirt **Massimo**
8 € au lieu de 16 €

3

Soyez toujours bien habillés avec nos vestes et nos costumes « **HUGO CHEF** ».
Fins de séries.
Tout à 100 €

4

Tout doit partir !
Ecoutez bien nos vendeurs pendant les ventes flash et profitez des réductions jusqu'à 75 % sur tous nos articles.
Mais attention, vous n'avez que 5 minutes !
Bonne chance !

5

Soyez toujours à la mode avec nos chaussures et nos baskets « **Snikes** ».
Réduction de
20 %
pour toutes les pointures!

6

Chemises pour homme, excellente qualité, sans repassage. 2 chemises achetées, une chemise offerte !
1 chemise 15 €
2 chemises 20 €
3 chemises 20 €

Ansage	A	B	C	D	E	F
Plakat						

Beantworte jetzt die folgenden Fragen.

		Nummer des Angebots
1.	Du möchtest ein kleines Geschenk für eine Freundin kaufen. Welches Angebot würde da passen?	
2.	Für eine Hochzeit braucht Léo etwas Schönes und Edles. Was kann er am besten nehmen?	
3.	Für den Urlaub brauchst du etwas Leichtes und Billiges. Was nimmst du?	

Stratégie: Einen Text zusammenfassen und den Inhalt erzählen

W Im Deutsch- und im Englischunterricht hast du schon geübt, Texte zusammenzufassen und dann zu erzählen. Dort gelten im Prinzip die gleichen Regeln wie im Französischen.

- Verschaffe dir erst einmal einen **Überblick**, um was es in dem Text geht …
- Notiere wichtige Informationen zu den **W-Fragen** (Wer? Wo? Wann? Was?)
- Erzähle die Geschichte anhand deiner Stichworte im **Präsens**. Denke an die Verbindung durch **Zeitadverbien** *(d'abord, (peu) après, puis, tout à coup, alors)*.

Diese Zusammenfassung nennt man im Französischunterricht: *un résumé* (ein Resümee).

14 Erstelle von Lektion L7A (S. 84) ein Resümee in deinem Heft.

1. Um welches Thema geht es in dem Text? Die Überschrift und Fotos/Bilder helfen dir bei der **ersten Orientierung**.

   Thema: ____________________

   Wo hast du die Informationen gefunden? ____________________

2. Versuche, bei einem ersten Lesedurchgang **wichtige Schlüsselwörter** zu finden, die zu dem Thema passen.

   ____

   ____

3. Lege eine Tabelle zu den W-Fragen in **Stichworten** an:

15 Bilde aus deinen Stichworten Sätze im Präsens, um die Geschichte zu erzählen.

16 Verknüpfe deine Sätze mit den folgenden Zeitadverbien:

tout à coup | peu après | alors | mais finalement

Übersetzung

17 Ein neues Outfit

Caroline möchte sich neue Kleidung kaufen. Ihre Mutter schlägt vor, mit ihr zu kommen.
Caroline ist einverstanden: „Aber ich kaufe nicht so alte Klamotten wir du und Papa!"
„Natürlich nicht. Wir werden nette Kleidungsstücke finden – und für wenig Geld."
Mittags sind Mutter und Tochter in einem Restaurant. Im Bella Napoli sind die Pizzen super!
Nathalie verliert die Nerven: „Ich habe graue Jeans, rote Pullover, gelbe Röcke, beige Schals und grüne Kleider anprobiert. Und ich finde nie meine Größe!" „Ja, auch ich bin müde. Aber ich denke, dass du heute Nachmittag Glück haben wirst."
Carolines Mutter hat Recht: Im ersten Geschäft findet Caroline Superklamotten. Abends geht sie mit der Familie ins Kino und Caroline zieht ihre neuen Kleidungsstücke an.

Leçon 8

Der Teilungsartikel

W Du kennst im Französischen bereits verschiedene Artikel:
- den **bestimmten** Artikel: *le, la, les*
- den **unbestimmten** Artikel: un, une, des. Achtung: Im Deutschen kann man den unbestimmten Artikel nicht in den Plural setzen:

Nicolas regarde **des** photos. Nicolas sieht sich__ Photos an.

Eine weitere Besonderheit des Französischen ist der **Teilungsartikel**. Mit ihm bezeichnet man einen **unbestimmten Teil** einer **nicht zählbaren Menge**.

Monsieur Caron a acheté	**du**	lait,	**de la**	farine et		**de l'**eau.	
Herr Caron hat	__	Milch,	____	Mehl	und	__	Wasser gekauft.

Milch/Mehl/Wasser kann man zwar messen oder wiegen (in Litern oder Gramm), aber **nicht zählen**. Man kann nicht sagen:
„Ich kaufe 3 Milch und 5 Mehl."
Im Deutschen steht entweder **kein Artikel**, oder man gibt die genaue Menge an: Ich kaufe Milch/5 Liter Milch, Mehl/1 Kilo Mehl und Wasser/3 Flaschen Wasser.
Nicht zählbar sind auch abstrakte Begriffe, z. B. Musik.

Tu fais **de la** musique ?

Einige Besonderheiten musst du noch beachten:
- Nach ***avec*** steht der Teilungsartikel, nach ***sans*** steht kein Teilungsartikel.
  Je prends le café **avec du** sucre, mais **sans** ___ lait.
- Nach ***adorer***, ***aimer***, ***détester*** und ***préférer*** steht immer der **bestimmte Artikel**.
  Tu n'**aimes** pas **la** musique classique ? Non, je **déteste la** musique classique. Je **préfère la** techno.

Die Präposition *avec* steht mit (also "avec") Teilungsartikel, *sans* steht ohne (also "sans") Teilungsartikel.

1 Setze den richtigen Artikel ein und finde die passende deutsche Übersetzung.

1. On va à _______ fête de mamie ? _______________
2. Bien sûr ! On apporte _______ boissons ? _______________
3. Mais non ! Ce n'est pas une fête avec _______ copains ! _______________
4. Papi a préparé _______ jus d'orange et _______ salade pour nous. _______________
5. Nous, nous pouvons préparer _______ gâteau. _______________
6. Oh là là, il faut _______ temps pour ça, mais bon, d'accord. _______________
7. Nous achetons _______ huile et _______ beurre. _______________
8. Mamie prend le café _______ sucre. _______________
9. Nicolas et ses cousins font _______ musique. _______________
10. Michel adore _______ gâteaux. _______________

Mengenangaben

une bouteille de
un litre de
un kilo de
pas de
plus de
beaucoup de
(un) peu de
assez de

W Du weißt bereits, dass man mit dem **Teilungsartikel** Mengen bezeichnet, die **nicht zähl- oder messbar** sind.

Um eine genau **bestimmte Menge** zu benennen, verwendet man **Mengenangaben**.

une bouteille	**de**	**coca**	eine Flasche Cola
un litre	**d'**	**eau minérale**	ein Liter Mineralwasser
500 grammes	**de**	**farine**	500 Gramm Mehl
un kilo	**de**	**fromage**	1 Kilo Käse
↑	↑	↑	
Maßeinheit +	**de** +	**Nomen**	

Auch wenn man **nichts** hat, ist die Menge genau bestimmt (= 0).

pas	**de**	**cacahuètes**	keine Erdnüsse
plus	**d'**	**eau minérale**	kein Mineralwasser mehr

Weitere Mengenangaben sind

beaucoup	**d'**	**huile**	viel Öl
(un) peu	**de**	**beurre**	(ein) wenig Butter
assez	**de**	**crème**	genug Sahne

2 Verbinde die Maßeinheiten mit dem passenden Nomen: Denke daran, *de/d'* einzusetzen. Achtung: Es gibt mehrere Möglichkeiten!

2 litres | 3 bouteilles | pas | 250 grammes | assez | 100 grammes | 1 kilo | beaucoup

1. ______________________________ beurre
2. ______________________________ limonade
3. ______________________________ cacahuètes
4. ______________________________ café
5. ______________________________ chocolat
6. ______________________________ oranges
7. ______________________________ pain
8. ______________________________ pêches

Mengenangaben und **Verneinung** (Menge = 0) stehen immer mit „de"

Das Pronomen „en“

je n'en prends pas
j'en prends
Tu en veux ?
en
je n'en prends pas
j'en prends
Tu en veux ?
en
je n'en prends pas
j'en prends
Tu en veux ?
en

W Du kennst bereits die **direkten** (*le, la, l', les*) und die **indirekten** (*lui, leur*) **Objektpronomen.**

Tu cherches **tes copains** ?	Oui, je **les** cherche depuis 10 minutes.
Tu as déjà téléphoné **à tes copains** ?	Non, je ne **leur** ai pas encore téléphoné.

Ein weiteres Pronomen ist ***„en“*** (dt. etwas oder welche/n/s). Es ersetzt **Ergänzungen** mit ***„du/de la/de l'“*** (z. B. Teilungsartikel) oder Ergänzungen mit ***„des“*** (unbestimmter Artikel im Plural).

Tu prends **du coca** ?		Nimmst du Cola?
Oui,	j'**en** prends.	Ja, ich nehme (etwas) davon.
Tu prends aussi **des cacahuètes** ?		Nimmst du auch Erdnüsse?
Oui,	j'**en** prends aussi.	Ja, ich nehme auch (welche) davon.
Tu prends aussi **de la limonade** ?		Nimmst du auch Limonade?
Non,	je n'**en** prends pas.	Nein, ich nehme nichts davon.

Das Pronomen ***„en“*** vertritt auch Nomen, die durch ein **Zahlwort** oder eine **Mengenangabe** bestimmt sind.

Tu prends **une** **orange** ?		Nimmst du eine Apfelsine?
Non,	j'**en** prends **deux**.	Nein, ich nehme zwei (davon).
Tu as **assez de** **limonade** ?		Hast du genug Limonade?
Oui,	j'**en** ai **trois litres**.	Ja, ich habe drei Liter (davon).

Das Zahlwort bzw. die Mengenangabe werden nach dem Verb wiederholt oder durch ein anderes Zahlwort/eine andere Mengenangabe ersetzt

3 Antworte auf die Fragen. Verwende dabei **en**.

1. Tu prends du sucre ? ______________________
2. Tu veux une tomate ? ______________________
3. Tu prends de la salade ? ______________________
4. Vous prenez des pommes de terre ? ______________________
5. Tu veux une quiche ? ______________________
6. Vous voulez des pêches ? ______________________

oui/un peu
oui/deux
oui/beaucoup
oui/trois kilos
non/pas
non/pas

Für die **Stellung** des Pronomens „en" im Satz gelten dieselben Regeln wie für die Objektpronomen (vgl. Lektion 5, Seite 59). Du solltest sie sicherheitshalber noch einmal wiederholen.

Der Relativsatz mit „qui", „que" und „où"

Mit **Relativsätzen** kannst du Personen, Sachen oder Orte näher **beschreiben**. Es gibt im Französischen drei Arten von Relativsätzen:

1. Relativsätze mit dem Relativpronomen „*qui*" (dt.: der, die, das)

Nicolas est avec monsieur Caron	**qui** fait les courses.	... **der** einkauft.
... madame Caron	**qui** fête son anniversaire.	... **die** Geburtstag feiert.
Voilà le vélo	**qui** est cool.	... **das** cool ist.
Il raconte des histoires	**qui** amusent Nicolas.	... **die** Nicolas erheitern.

Das Relativpronomen „***qui***" ist **Subjekt** des Satzes. Du fragst danach mit „Wer oder was?" Es ist **unveränderlich**.

2. Relativsätze mit dem Relativpronomen „*que*" (dt.: den, die, das)

C'est monsieur Caron	**que** j'aime bien.	... **den** ich gerne mag.
C'est Nicole	**qu'**on adore.	... **die** man (sehr) gerne mag.
Voilà le vélo	**que** Michel a trouvé.	... **das** Michel gefunden hat.
Luc aime les histoires	**que** les gens racontent.	... **die** die Leute erzählen.

Das Relativpronomen „***que***" ist **direktes Objekt** des Satzes. Du fragst danach mit „Wen oder was?" Es ist **unveränderlich**.

3. Relativsätze mit dem Relativpronomen „*où*" (dt.: wo, wohin, in dem, in der, in dass, ...)

On est au marché	**où** nous faisons les courses.	... **wo** wir einkaufen
Honfleur est la ville	**où** les grand-parents de Nicolas habitent.	... **in der** Nicolas' Großeltern wohnen.

Das Relativpronomen „***où***" steht für **Ortsbezeichnungen**. Du fragst danach mit „Wo?".

Relativsätze sind im Französischen **einfacher** zu bilden als im Deutschen: Du musst nur herausfinden, ob es sich um
- ein Subjekt (Wer oder was? => *qui*)
- ein direktes Objekt (Wen oder was? => *que*)
- eine Ortsangabe (Wo? => *où*)

handelt.

4 Welches Relativpronomen passt in die Lücke?

		qui	que	qu'	où
1.	Michel écoute madame Caron ____ téléphone.				
2.	Monsieur Caron achète tout pour le repas ____ il va préparer.				
3.	Nous allons sur la place ____ il y a le marché.				
4.	Michel, ____ Nicolas n'aime pas tellement, travaille dans la banlieue.				
5.	On mange le gâteau ____ Nicolas a préparé.				
6.	Michel aime bien mamie ____ a toujours du temps pour lui.				

5 Übersetze die folgenden Sätze. Denke daran, dass es im Französischen nur drei Relativpronomen gibt.

1. Wir suchen Madame Bertin, die auf dem Markt Eier verkauft.

   ____

2. Da ist der Supermarkt, in dem Nicolas und sein Großvater einkaufen.

   ____

3. Da sind die Leute, die sie im Café treffen.

   ____

4. Im Keller ist der Calvados, den die Carons nur bei Festen trinken.

   ____

5. Mama ist neben Nicolas, der den Kuchen sehr mag.

   ____

Die Verben „venir“ und „boire“

	venir kommen	**boire** trinken
je	vien**s**	boi**s**
tu	vien**s**	boi**s**
il/elle/on	vien**t**	boi**t**
nous	venons	**buv**ons
vous	venez	**buv**ez
ils/elles	vie**nn**ent	boivent
je **suis**	ven**u(e)**	j'ai **bu**

Das Verb ***„venir“*** gehört wieder zu den wichtigen Verben, die man gut lernen sollte.

Das Verb „manger“

	manger essen	
je	mange	j'ai mang**é**
tu	manges	
il/elle/on	mange	
nous	mangeons	
vous	mangez	
ils/elles	mangent	

Überprüfe noch einmal, ob du die Verben auf ***„-er“*** (bekannt seit der Lektion 1) sicher konjugieren kannst. Das Verb ***„manger“*** gehört zu dieser Gruppe. Es hat nur **eine** Besonderheit: In der 1. Person Plural steht nach dem *g* ein *e*. Dadurch bleibt die Aussprache [ʒ] erhalten.

6 Setze die richtigen Formen der Verben ***boire***, ***manger*** oder ***venir*** ein.

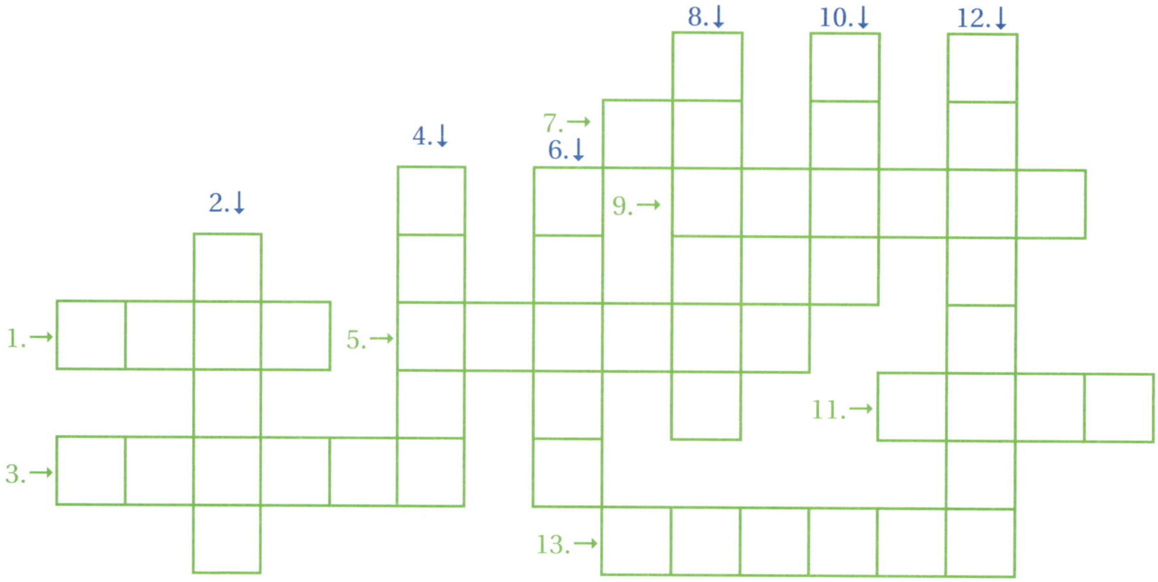

Horizontalement

1. tu (boire)
3. vous (manger)
5. nous (venir)
7. nous avons (boire)
9. Imperativ 1. Pers. Plural (venir)
11. je (boire)
13. tu (manger)

Verticalement

2. tu (venir)
4. vous (boire)
6. elles ont (manger)
8. nous (boire)
10. tu es (venir)
12. nous (manger)

Der unbestimmte Begleiter „tout“

toute la · tout le · tous les · toutes les · toute la · tout le · tous les · toutes les · toute la · tout le

W Du kennst im Französischen bereits fünf verschiedene Begleiter:

- den unbestimmten Artikel: **un** copain, **une** copine, **des** copains
- den bestimmten Artikel: **le** copain, **la** copine, **l'**homme, **les** copains
- den Possessivbegleiter: **mon** copain, **ma** copine, **mes** copains
- den Demonstrativbegleiter: **ce** copain, **cet** homme, **cette** copine, **ces** copains
- den Interrogativbegleiter: **Quel** copain ? **Quelle** copine ? **Quels** copains ? **Quelles** copines ?

Der unbestimmte Begleiter ***tout*** bedeutet im Deutschen je nach Kontext „ganz“ oder „alle“.

Michel parle tout **le** temps.	Michel spricht die **ganze** Zeit.
Toute **la** famille est à table.	Die **ganze** Familie sitzt am Tisch.
Tous **mes** voisins sont venus.	**Alle** meine Nachbarn sind gekommen.
Toutes **ces** bouteilles sont vieilles.	**Alle** diese Flaschen sind alt.

Der Begleiter ***tout*** verhält sich wie ein Adjektiv: Er richtet sich in **Genus** und **Numerus** nach dem **Nomen**, das er begleitet. Nach **tout** steht oft ein **zweiter Begleiter** (*le, mon, cette, …*).

„**Tout**“ wird wie ein **Adjektiv** dekliniert. In der Aussprache gibt es nur zwei Formen: Maskulinum [tu] und Femininum [tut].

Singular	tout	[tu]	+	Begleiter	+	Nomen
	toute	[tut]				
Plural	tous	[tu]				
	toutes	[tut]				

7 Übersetze die folgenden Sätze.

1. Zur Geburtstagsfeier meiner Großmutter wird die ganze Familie kommen.

____

2. Nicolas wird mit seinem Großvater das ganze Essen vorbereiten.

____

3. Alle Leute [auf] der Feier sind nett.

4. Nicolas denkt die ganze Zeit an Michel.

5. Alle Cousinen hören Michels dummes Lachen.

6. Oma mag alle Geschenke.

Die Verben auf „-dre“

répondre
descendre
descends
réponds
descend
répondons
descendez
répondez
descendent
répondent

W Du weißt bereits, dass es im Französischen **regelmäßige** und **unregelmäßige** Verben gibt. Von den **regelmäßigen** Verben kennst du bereits:

1. Verben auf *–er*: regarder, aimer, travailler, …
2. Verben auf *–ir*: dormir, partir, sortir

Eine dritte Gruppe bilden die Verben auf *–dre*:

	répondre antworten		**descendre** hinuntergehen
je	répon**ds**		descen**ds**
tu	répon**ds**		descen**ds**
il/elle/on	répon**d**		descen**d**
nous	répon**dons**		descen**dons**
vous	répon**dez**		descen**dez**
ils/elles	répon**dent**		descen**dent**
	Répon**ds** !		Descen**ds** !
	Répon**dons** !		Descen**dons** !
	Répon**dez** !		Descen**dez** !
j'ai	répond**u**	je **suis**	descend**u(e)**

Du solltest die Verben **„venir"** und **„descendre"** noch im „*être*-Haus" (Lektion 6, Seite 72) nachtragen. Es kann dir auch helfen, diese Verben im ***Passé composé*** gleich **mit dem richtigen Hilfsverb** zu lernen, z.B.: ***je suis descendu(e).***

8 *Entendre*, *répondre* oder *descendre*?

Finde die passende Form der drei Verben. (Die Größe der Kästen verrät dir etwas von der Form des Buchstabens.)

1. □□□□ □□□□□□□□□□ ______________________
2. □□□□ □□□□□□□□ ______________________
3. □□□ □□□□ □□□□□□□□□ ______________________
4. □□ □□□□□□□ ______________________
5. □□ □□□□□□□□ ______________________
6. □□ □□□□□□ ______________________
7. □'□□ □□□□□□□ ______________________
8. □□□□□□□! ______________________
9. □□□□□ □□□□□□□□□□ ______________________
10. □□□□□□□□! ______________________

9 Übersetze den kleinen Text.

Während der Feier
Nicolas fragt Michel: „Was möchtest du trinken?“ Michel antwortet Nicolas: „Ich hätte gerne Orangensaft“.
Der Großvater gibt Nicolas Mutter zwei Flaschen Wein.
Die Großmutter spricht mit den Cousins. „Möchtet ihr noch etwas Kuchen?“ „Ja (gerne)! Er schmeckt gut! Kann ich bitte (auch noch) Sahne haben?“ „Natürlich, hier ist sie.“
Im Garten zeigt Michel dem Großvater das Fahrrad. Das Geschenk ist cool…

____

____

____

____

____

____

____

Verben

10 Achte auf den Anschluss bei den folgenden Verben und kreuze die richtigen Sätze an.

1. ☐ Nicolas demande grand-mère du coca.
   ☐ Nicolas demande du coca à sa grand-mère.
2. ☐ Il parle du film avec Nicolas.
   ☐ Il parle le film avec Nicolas.
3. ☐ Elle dit Nicolas bonjour.
   ☐ Elle dit bonjour à Nicolas.
4. ☐ Elle téléphone Nicolas.
   ☐ Elle téléphone à Nicolas.
5. ☐ Elle donne 12 œufs à monsieur Caron.
   ☐ Elle donne monsieur Caron 12 œufs.
6. ☐ Il montre le marché à Nicolas.
   ☐ Il montre Nicolas le marché.

Wortfeld „Lebensmittel"

11 Vervollständige die Wörter für Lebensmittel und kreuze an, wo Nicolas und sein Opa sie gefunden haben. Zur Hilfe kannst du noch einmal die Seiten 92–94 im Schülerbuch lesen:

A chez madame Bertin B sur le marché C au supermarché D à la boulangerie

		A	B	C	D
1.	la ba_____tte et l_____ pain au _____colat				
2.	l'_____ miné_____, le _____ d'oran_____ et le _____in				
3.	_____ beur_____ et _____ lait				
4.	_____ fro_____ge, _____huile et _____ fari_____				
5.	_____ toma_____, les po_____es et les _____ches				
6.	la cr_____me et les _____fs				

Verbinde, was zusammen passt.

C'est un dessert…	A	1	des cacahuètes
On les mange pendant le repas…	B	2	le calvados
On les mange à l'apéritif…	C	3	un gâteau
On le boit pour les fêtes…	D	4	des pommes de terre

Redemittel

12 Bringe die Antworten in die richtige Reihenfolge.

	Le vendeur	La cliente
1.	Bonjour, madame. Qu'est-ce qu'il vous faut ?	
2.	Oui, vous en voulez combien ? 250 grammes ?	
3.	Voilà, madame. Et avec ça ?	
4.	Bon, 6 œufs. C'est tout ?	
5.	Alors, ça vous fait... 6,50 euros, s'il vous plaît.	
6.	Merci, madame !	

A Oui, c'est tout.

F Et puis, il me faut 6 œufs.

E D'abord, je voudrais du beurre.

D 6 euros... et cinquante centimes. Voilà.

C Merci et au revoir, monsieur !

B Non, 500 grammes s'il vous plaît.

Phonetik

32 **13** Du weißt schon, dass Französisch eine andere Satzmelodie als das Deutsche hat. Die typisch französische Satzmelodie entsteht u. a. dadurch, dass die einzelnen Wörter beim Sprechen gebunden ausgesprochen werden (… und nicht „getrennt" wie im Deutschen). Sprich die folgenden Sätze nach und achte dabei vor allem auf die Satzmelodie.

A Qu'est-ce qu'il nous faut ?

B Je voudrais de l'huile et du beurre.

C J'en prends combien ?

D Nous n'en avons plus.

E Vous en voulez combien ?

F Joyeux anniversaire !

Mengenangaben

14 Für ein Rezept brauchst du ein bisschen Öl und viel Mehl, du hast aber noch genug Milch. Du bittest jemandem, alles einzukaufen. Vervollständige die Sätze.

– Tu peux aller au supermarché, s'il te plaît ? Il me faut ________________ farine et ________________ huile.

– Il te faut aussi du lait?

– Non, merci. J'ai encore ________________ lait !

Präpositionen

15 Kopiere die Vorlage und bastle dir einen Würfel.
Dann werfe ihn und spiele. Bei einem Wurf kannst du z. B. sagen: Le beurre est **sous** le dé. Le fromage est **sur** le dé. Les œufs sont **à gauche**. La baguette est **à droite**. Le lait est **devant**. L'huile est **derrière**. Du kannst auch würfeln und fragen: Où est le lait ? – Il est **devant**.

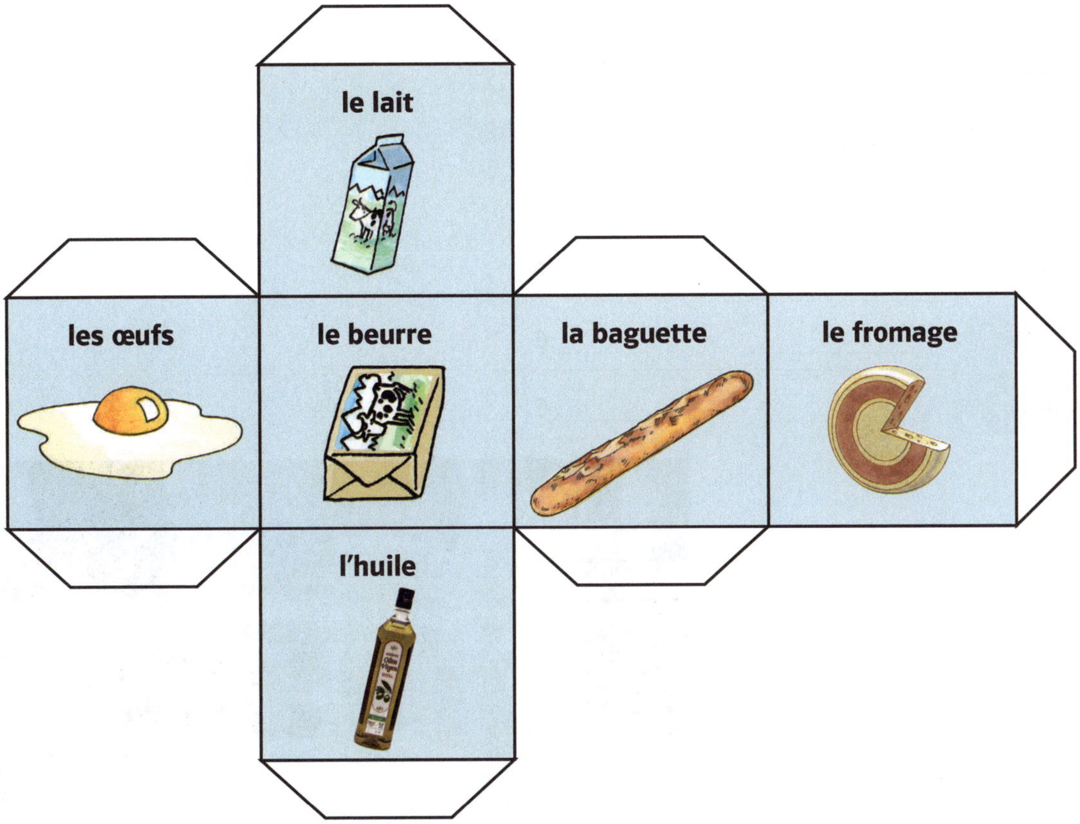

16 Kleine Wörter, die leicht zu verwechseln sind! Füge die Wörter in den Lücken.

1. si | tellement

J'aime ______________ les gâteaux de maman, ils sont ______________ bons !

2. combien | combien de

Tu veux ______________ pommes ? Et les pêches, il t'en faut ______________ ?

3. d'où | où

Tu es ______________ ? Tu habites ______________ ?

4. sur | sous

Le gâteau est ______________ la table. Mais le chien est ______________ la table !

Hören und schreiben

33 **17** Du bist auf dem Markt in Honfleur und hörst den Verkäufer. Notiere die Preise und die Mengen auf einen Zettel!

	Combien ?	Quel prix ?
beurre	_____ **kilo**	_____ €
lait	______________	_____ €
crème	______________	_____ €
œufs	______________	_____ €

Wörterbucharbeit

18 Übersetze folgende Sätze mit Hilfe des Wörterbuchs.

crème [kʀɛm] cremefarben G Das Farbadjektiv *crème* ist unveränderlich: *des chaussures crème – cremefarbene Schuhe.* le **crème** [kʀɛm] der Milchkaffee la **crème** [kʀɛm] ❶ die Creme ❷ *(Milchprodukt)* der Rahm, die Sahne, das Obers Ⓐ; **la crème glacée** die Eiscreme; ❸ *(übertragen)* gesellschaftliche Elite ◆ la **crème de cassis** der Johannisbeerlikör ◆ la **crème chantilly** die Schlagsahne, das Schlagobers Ⓐ	la **femme** [⚠ fam] ❶ die Frau; **les vêtements de femmes** die Damenbekleidung ❷ die Frau; die Ehefrau; **lui et sa femme** er und seine Frau; ❸ **t'as vu la bonne femme là-bas?** *(umgs.)* hast du die Tante dort hinten gesehen? ◆ la **femme au foyer** die Hausfrau ◆ la **femme d'intérieur** die tüchtige Hausfrau ◆ la **femme de lettres** die Schriftstellerin ◆ la **femme de ménage** die Putzfrau, die Bedienerin Ⓐ	la **baguette** [bagɛt] ❶ *(Brot)* das/die Baguette ❷ *(Stöckchen)* der Stab; *eines Trommlers* der Schlegel, der Stock; *eines Dirigenten* der Taktstock ❸ *(in der asiatischen Küche)* **les baguettes** die Stäbchen L Das *(oder* die) *baguette* ist das bekannteste französische Stangenweißbrot. Die Bäckereien bieten Weißbrot mehrmals am Tag ofenfrisch an. Selbst sonntagvormittags wird es frisch gebacken. Es gehört zu jeder Mahlzeit.

PONS Express-Wörterbuch Französisch 2006

1. Elle achète un pantalon crème. ______________________
2. Cet homme est une crème. ______________________
3. Pour le gâteau, il me faut de la crème. ______________________
4. Je cherche des chaussures pour femmes. ______________________
5. C'est la femme de monsieur Dupont. ______________________
6. Nous avons une femme de ménage. ______________________
7. Ici, on mange avec des baguettes. ______________________
8. Tu achètes une baguette à la boulangerie ? ______________________
9. Tu as des baguettes pour la batterie ? ______________________

Leçon 9

Die reflexiven Verben

s'amuser
s'appeler
s'arrêter
s'énerver
s'habiller
s'occuper
se décider
se dépêcher
se réveiller
se sentir
s'amuser
s'appeler
s'arrêter
s'énerver
s'habiller
s'occuper
se décider
se dépêcher
se réveiller
se sentir

Reflexive Verben haben ein **Reflexivpronomen**, das sich auf das Subjekt zurückbezieht:

Subjekt	Verb	Reflexivpronomen		Subjekt	Verb	Objekt
Ich	wasche	**mich.**	↔	**Ich**	wasche	**dich.**

se sentir (sich fühlen)			
je	**me**	sens	… mich
tu	**te**	sens	… dich
il/elle/on	**se**	sent	… sich
nous	**nous**	sentons	… uns
vous	**vous**	sentez	… euch
ils/elles	**se**	sentent	… sich

s'amuser (sich amüsieren)			
je	**m'**	amuse	… mich
tu	**t'**	amuses	… dich
il/elle/on	**s'**	amusc	… sich
nous	**nous**	amusons	… uns
vous	**vous**	amusez	… euch
ils/elles	**s'**	amusent	… sich

Marie **ne**	**s'**énerve **pas**.	Marie regt sich nicht auf.
Elle **va**	**s'**occuper de son frère.	Sie wird sich um ihren Bruder kümmern.
Elle **veut**	**se** sentir bien.	Sie will sich gut fühlen.

1 Setze die richtige Präsensform ein.

1. se dépêcher → je ________ ______________________
2. se lever → tu ________ ______________________
3. s'arrêter → il/elle/on ________ ______________________
4. se réveiller → nous ________ ______________________
5. s'habiller → vous ________ ______________________
6. se décider → ils/elles ________ ______________________

2 Verneine die folgenden Sätze.

1. Tu te lèves à huit heures. ______________________ à huit heures.
2. Marie s'amuse pendant les vacances. ________________ pendant les vacances.
3. Nous nous sentons bien. ______________________________
4. Vous allez vous arrêter à la fabrique de chocolat. ______________________ à la fabrique de chocolat.
5. Les animateurs veulent s'occuper des jeunes. ______________________ des jeunes.
6. Je me dépêche toujours. ______________________________
7. Je me sens encore malade. ______________________________

Die Verben „devoir" und „savoir"

	devoir müssen	savoir wissen
je	**dois**	**sais**
tu	**dois**	**sais**
il/elle/on	**doit**	**sait**
nous	dev**ons**	sav**ons**
vous	dev**ez**	sav**ez**
ils/elles	doi**vent**	sav**ent**
	j'ai **dû**	j'ai **su**

Achte auf den *accent circonflexe* beim **passé composé** von "*devoir*". Er ermöglicht die Unterscheidung vom Artikel:
J'ai **dû** travailler. ↔ Il parle **du** film.

3 Setze die richtige Verbform von savoir und devoir ein.

1. Avant le rafting, on ________ [iodt] mettre la tête sous l'eau.
2. Je ________ [sasi] nager.
3. Nous ________ [ndeovs] prendre le bus.
4. Anne et Paola ________ [tnasve] où on peut acheter des fringues branchées.
5. Vous allez où, cet après-midi ? – Nous ne ________ [sosnav] pas.
6. Les animateurs ________ [ndetovi] s'occuper des jeunes.
7. Demain, vous ________ [zdvee] vous lever avant 7 heures.
8. Qui ________ [iast] préparer une quiche ?
9. Lundi, j'ai une interro de maths. Comme ça, j'ai ________ [ûd] rester à la maison tout le week-end.

Der Relativsatz mit „ce qui" und „ce que"

ce qui · ce que · ce qui · ce que · ce qui · ce que · ce qui · ce que

W Du kennst bereits die Relativpronomen ***qui*** und ***que***.
Anne est une fille **qui** vient de Suisse. (Wer? Was?) → **Subjekt**
Naïma est la fille **que** Jean aime bien. (Wen? Was?) → **Objekt**

Die Relativpronomen „***ce qui***" und „***ce que***" entsprechen dem deutschen Relativpronomen „**was**".

Ce qui m'intéresse à Charmey, c'est le rafting.	Das, **was** mich in Charmey interessiert, ist das Rafting.
Marie ne comprend pas **ce que** Jean lui dit.	Marie versteht nicht, **was** Jean ihr sagt.
Les jeunes font **ce qu**'ils veulent.	Die Jugendlichen machen, **was** sie wollen.

4 Setze das richtige Relativpronomen ein.

1. _________ m'énerve, c'est le « Schwyzerdütsch ».
2. Marie ne sait pas _________ Jean raconte à Naïma.
3. Olivier explique _________ il faut faire avant le rafting.
4. _________ est génial, c'est la visite de la fabrique de chocolat.
5. _________ Nicolas trouve dans le bus, c'est son appareil photo.
6. _________ est sympa à Charmey, c'est la bonne humeur des gens.

Artikel/Präpositionen bei Ländernamen

Namen von Ländern, Kontinenten, Provinzen und Regionen können im Französischen **weiblich** oder **männlich** sein.

la France — **le** Canada

Einige Ländernamen stehen im Plural: **les** Pays-Bas.

Wo? Wohin?	**Femininum**	**Maskulinum**	**Plural**
	en France.	**au** Canada.	**aux** Pays-Bas.
Je vais/	**en** Italie.	**au** Luxembourg.	
Je suis	**en** Belgique.	**au** Québec.	
	en Suisse.		
Woher?	**de** France.	**du** Canada.	**des** Pays-Bas.
Je viens	**d'** Italie.	**du** Luxembourg.	
	de Belgique.	**du** Québec.	
	de Suisse.		

Endet der Ländername auf **-e**, ist er meistens **weiblich**.
Die anderen Ländernamen im Singular sind **männlich**.

5 Vervollständige die Sätze.

1. Marie vient _______________.  Demain, elle va _______________. 
2. Pendant les vacances _______________ , Naïma rencontre Jean.
3. Aujourd'hui, Naïma va _______________. 
4. Pierre aime tellement aller _______________  qu'il ne va jamais _______________. 
5. Après des vacances _______________,  Pauline va _______________. 

Präpositionen

6 Welche Präposition gehört auf welche Kiste? Trage ein, wo sich die Maus befindet.

à | dans | chez | sous | sur | devant | derrière | au fond de

7 Setze die richtige Präposition ein.

à | dans | chez | sous | sur | devant | derrière | au fond de | à côté de

1. _______________ Charmey, il y a un centre de vacances.
2. Avec le funiculaire, on peut monter _______________ la montagne du Moléson.
3. Pour le rafting, il faut mettre la tête _______________ l'eau.
4. L'eau est trop froide : je ne veux pas tomber _______________ l'eau !
5. Quand je regarde le lac, la montagne est _______________ moi et le lac est _______________ moi.
6. Mes lunettes sont tombées dans l'eau ! Maintenant, elles sont _______________ la Sarine !
7. Dans le bus, Naïma est _______________ Jean : ils discutent tout le temps.

Übersetzung

8 Übersetze den folgenden Text.

Ferien mit den Eltern
Julien verbringt die Ferien mit seiner Familie in den Alpen. Das ist super! Am Morgen stehen sie spät auf, frühstücken auf der Terrasse und schauen sich die Berge an. Dann nehmen sie ihre Fahrräder. In der Region gibt es viele kleine Seen, wo sie oft anhalten. Nach einer Woche fühlen sie sich sehr gut! Da fragt Julien seine Eltern: „Entscheidet ihr euch? Fahren wir morgen Rad - oder machen wir Rafting?“ Schließlich machen sie morgens eine Wanderung im Gebirge, dann machen sie Rafting. Am Nachmittag besichtigen sie noch eine schöne Stadt mit einer alten Kathedrale und sie gehen in eine Käsefabrik. Die Stimmung ist toll! Am Abend kümmern sich die Kinder um das Essen und amüsieren sich [dabei]. Sie werden im nächsten Jahr vielleicht wiederkommen.

Kreuzworträtsel

9 Löse das folgende Kreuzworträtsel.

Horizontalement

2. un beau pays pour passer des vacances
3. Ce n'est pas chaud.
5. Un jour, c'est une …
7. Se promener en montagne, c'est faire une…
9. En montagne, ses eaux sont froides.
11. La Normandie est une…
12. ce qu'on fait pour gagner sa vie
15. On le met sur la tête.
16. là où on fait du ski, ou là où s'arrête le métro
17. Dans l'eau, on ne marche pas, on …
18. une façon de parler
19. après l'automne

Verticalement

1. Pour monter sur la montagne du Moléson, on peut le prendre.
4. On la fait avec du fromage chaud.
6. C'est grand, c'est haut.
7. Quand on a trop mangé, il faut faire un …
8. un sport de neige
9. Le français et l'allemand sont deux …
10. une grande église
13. Quand on fait ce sport, il faut savoir nager.
14. une grande et longue voiture

10 Erzähle die Geschichten in der richtigen Reihenfolge.

A

je m'habille

je me lève,

Tous les matins, je me réveille, 1

et je prends le petit-déjeuner.

B

alors elle ne s'amuse pas.

« Ce soir, je vais aller danser. »

Mais elle ne se sent pas bien,

La jeune fille se décide :

C

Alors tu t'énerves.

Tu dois te dépêcher pour aller au collège,

mais le bus est en retard,

et sur le chemin, il s'arrête souvent !

D

et nous goûtons à tout !

Nous allons dans une fabrique de chocolat

demain, nous allons faire un régime !

Mais nous mangeons trop :

Redemittel

11 Welche Sätze sind geeignet, um den Urlaub zu beschreiben? Kreuze sie an.

1. Je travaille beaucoup. ☐
2. Nous pouvons faire des randonnées. ☐
3. On s'amuse avec des amis. ☐
4. On prépare l'interro. ☐
5. Nous allons au collège. ☐
6. Nous choisissons un sport chaque jour. ☐
7. Il y a beaucoup d'activités au centre. ☐
8. Nous visitons des villes. ☐
9. Ici, c'est génial pour des vacances ! ☐
10. J'ai du temps et je m'amuse beaucoup. ☐
11. L'animateur du centre est cool. ☐
12. Nous prenons le métro pour aller travailler. ☐
13. Nous faisons un pique-nique. ☐
14. Nous avons passé une super semaine. ☐

Mit Texten umgehen

12 Du bist in Urlaub in Frankreich und schreibst eine Postkarte an deinen Freund.

Nous --- en vacances avec --- sur la Côte d'Azur.

J'ai rencontré --- et on s'amuse beaucoup ensemble.

Tu vas --- ? Moi aussi. je suis -- France :

Grosses --- et à bientôt.

On va --- à la plage.

--- Florent,

Phonetik

34 **13** Spricht diese Sätze nach und achte auf der Aussprache. Denke auch an die Satzmelodie.

1. Mais oui ! Le petit village de Gruyères est en Suisse.
2. On travaille beaucoup à la fabrique de fromage de Gruyères.
3. On y fait du fromage pour faire des fondues.

Hören und schreiben

35 **14** Hugo telefoniert mit seiner Mutter. Er erzählt von seinen Ferien. Höre den Text A und stell dir vor, was die Mutter fragen könnte. Danach kannst du mit dem Text B die Fragen überprüfen.

1. ______________________________
2. ______________________________
3. ______________________________
4. ______________________________
5. ______________________________
6. ______________________________
7. ______________________________
8. ______________________________

15 Nicolas überlegt sich bereits, wo er die nächsten Ferien verbringen möchte. Wie heißen die Länder?

Chez nous, nous n'avons pas de montagnes, mais nous avons la mer du Nord et beaucoup d'eau. Près du centre, vous pouvez vous baigner (L'eau n'est pas très chaude, mais les plages sont très grandes), faire de la voile et vous promener des heures dans les dunes.	Notre centre de vacances est à 100 m du bord de la mer. Allez vous baigner le matin, revenez au centre pour déguster nos paëllas et manger du chorizo ! L'après-midi, il faut faire la sieste, bien sûr, parce qu'il fait trop chaud. Mais vers 16 heures, vous pouvez retourner sur la plage et vous baigner.	Des lacs, des montagnes, du fromage et du chocolat ! Chez nous, vous passerez des vacances tranquilles ! Neige en hiver et baignade en été. Dans notre région, vous trouverez tout ce qu'il vous faut !

Pays : ____________	Pays : ____________	Pays : ____________

Leçon 1

1

Ça va ? – Ça va. Merci.
– Ça va bien.

Tu t'appelles comment ? – Je m'appelle Marie.
– Je suis Naïma.

2

1. Ça va ? – **Oui**, ça va bien.
2. Tu t'appelles Julien ? – **Non**, je m'appelle Nicolas.
3. Tu es Malika ? – **Oui**, Malika, c'est moi.
4. Vous êtes l'animateur ? – **Non**, je suis acteur.

3

1C, 2D, 3A, 4B

4

1. **Tu es Nicolas** ?
2. **Ça va** ?
3. **Qui est-ce** ?
4. **Où est Marie** ?

5

tu es; **ils, elles** sont; **nous** sommes; **je** suis; **il, est, on** est; **vous** êtes

6

il / elle / on est
ils / elles sont
tu es
nous sommes
vous êtes
je suis

7

1. **le** cours de théâtre
2. **le** garçon
3. **la** fille
4. **l'** animateur
5. **l'** acteur
6. **les** copines
7. **les** stars
8. **la** leçon
9. **les** filles
10. **la** superstar
11. **le** monsieur
12. **le** théâtre

8

1. Eric, c'**est** monsieur Rollin, **l'** animateur.
2. Marie **est la** copine de Naïma.
3. **Les** filles et **les** garçons **sont** déjà là.
4. Tu **es** Naïma ? – Non, je **suis** Marie.
5. Naïma et Marie : Nous **sommes les** superstars !
6. Et Julien et Nicolas, vous **êtes les** acteurs ?

9

un	une	des	
	X		scène
X			animateur
		X	tables
		X	filles
	X		lettre
		X	photos
	X		idée

un	une	des	
	X		fête
	X		heure
		X	invitations
X			concert
X			théâtre
X			match
X			acteur

un	une	des	
		X	histoires
X			copain
	X		musique
X			texte
	X		superstar
X			garçon
		X	copines

10

1. je cherch**e**
2. tu continu**es**
3. il imagin**e**
4. nous mont**ons**
5 vous jou**ez**
6. ils demand**ent**
7. j'organis**e**
8. tu invit**es**
9. elle aim**e**
10. nous quitt**ons**
11. vous regard**ez**
12. elles cherch**ent**

11

1C, 2E, 3A, 4F, 5B (auchA), **6D** (auch **E**)

12

1. **Marie cherche des idées.**
2. **J'imagine une histoire.**
3. **Nous organisons/On organise une fête.**
4. **Eric quitte le théâtre.**
5. **Marie et Naïma aiment la musique et la danse.**
6. **Vous invitez les copains.**

13

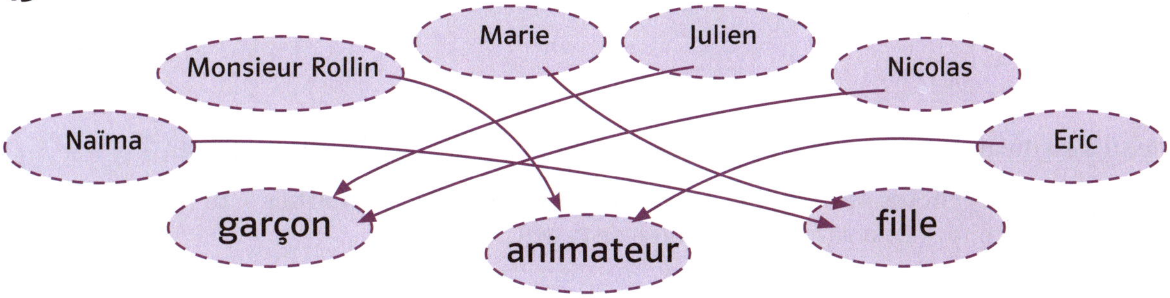

14

1. Les acteurs sont **sur** la scène.
2. C'est une photo de Marie **ou** de Naïma ?
3. L'animateur ? **Mais** c'est monsieur Rollin !
4. Une heure **après** , Eric quitte le théâtre.
5. Nicolas organise la fête **avec** Naïma.
6. Les garçons sont **déjà** là.

15

1. **Bonjour, monsieur**.
2. **Ça va** ?
3. **Au revoir, madame**.
4. **Ça va bien, merci**.
5. **Bof** !

16

a) Marie et Naïma : Satz 1: **3** Satz 2: **2** Satz 3: **1**
b) Julien et Nicolas : Satz 1: **3** Satz 2: **1** Satz 3: **2**

17

	[ɛ̃]	[ɑ̃]	[ɔ̃]
la leçon			X
l'entrée		X	
bienvenue	X		
bien	X		
comment		X	

	[ɛ̃]	[ɑ̃]	[ɔ̃]
Epouvantail		X	
bonjour			X
non			X
maintenant	X	X	
on y va			X

18

	vrai	faux
1.	X	
2.		X
3.	X	

	vrai	faux
4.	X	
5.		X
6.	X	

19

1. Les acteurs **sont** sur la scène.
2. Ils regardent la **table**.
3. Il **y** a des photos.
4. Ils imaginent une **histoire**.
5. **C'est** une lettre de Théo.
6. Il invite **des** copains et des **copines**.
7. C'est une **fête**.

Leçon 2

1

Je suis au théâtre./Je suis à la fête. / Je suis aux blocks de Bercy. / Je suis à l'atelier.

Tu regardes des photos des copains. / Tu regardes des photos du quartier. / Tu regardes des photos de l'opéra. / Tu regardes des photos de la MJC.

2

1. **nous allons**
2. **ils vont**
3. **je vais**
4. **vous allez**
5. **tu vas**
6. **elle va**

3

1. Marie va **chez** Naïma. Après, elles vont **au** collège.
2. Nicolas et Julien vont **au** cours de théâtre.
3. Le garçon va **chez** l'acteur.
4. Nous allons **à** la maison.
5. Tu vas **chez** monsieur et madame Rollin.
6. Elles vont **aux** blocks de Bercy.

4

↓ 1. il/elle/on **fait**
2. tu **fais**
3. nous **faisons**

→ 4. vous **faites**
5. je **fais**
6. ils/elles **font**

5

	être	aller	faire	monter
je	suis	vais [vɛ̃]	fais [fɛ̃]	monte
tu	es	vas	fais [fɛ̃]	montes
il/elle/on	est	va	fait [fɛ̃]	monte
nous	sommes	all**ons**	fais**ons**	mont**ons**
vous	êtes [ɛ̃t]	all**ez**	faites [ɛ̃t]	mont**ez**
ils/elles	s**ont**	v**ont**	f**ont**	montent

6

1. Qu'est-ce que tu fais ?
2. Est-**ce** que tu es Julien ?
3. Marie et Naïma, **qu'est-ce qu'**elles font ?
4. **Est-ce que** vous allez au collège ?
5. **Est-ce qu'**elles font des photos ?
6. **Qu'est-ce que** Nicolas fait au blocks de Bercy ?

7

1. Nicolas **a** rendez-vous avec Naïma.
2. Nous **avons** raison.
3. J' **ai** des projets pour demain.
4. Vous **avez** une interro d'allemand.
5. Tu **as** un cours de danse.
6. Elles **ont** une invitation pour la fête de Marie.

8

1. le marché d'Aligre	**E**	3. la rue Bréguet	**D**	5. le collège Anne Frank	**F**
2. le cinéma Bastille	**C**	4. les blocks de Bercy	**B**	6. l'opéra Bastille	**A**

9

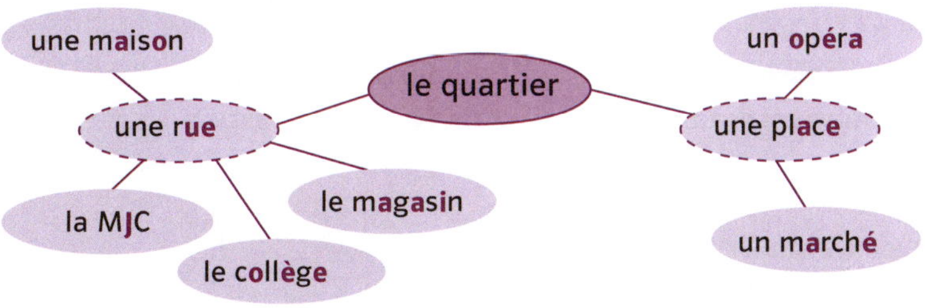

10

1. le **samedi**
2. dans le quartier **Bastille**
3. le **skate**
4. le **matin**
5. **Tiens!**

11

1. Naïma fait du skate, elle fait des **figures** comme des stars.
2. C'est midi, nous **rentrons** à la maison.
3. On va aux blocks demain ? – Non, **aujourd'hui** .
4. Tu fais les **devoirs** pour le collège ?
5. Marie fait la **tête** ?
6. On fait les photos le matin ? – Non, l'**après-midi** .
7. A cinq heures, j'ai **rendez-vous** avez des copains.
8. Samedi, les gens du quartier font les **courses**.
9. Au **cinéma**, il y aujourd'hui « Shrek 2 ».
10. Lundi, j'ai une **interro** d'allemand.

12

1. **D**; 2. **B**; 3. **C**; 4. **A**

13

1. Pour le **skate** les blocks de Bercy sont super.
2. Naïma fait des **photos** pour l'atelier.
3. Julien fait des **figures** de star.
4. Nous faisons des photos de l'**opéra**, des **filles** et de la **fête**.

14

On va au cinéma ?
Le cinéma ? Bof !
On fait un match de foot ?
Un match de foot ? Le foot, c'est génial !
Nous allons chez Marie ?
Chez Marie ? C'est super !

15

un portable, un téléphone, un message, un numéro // un film, un cinéma, une scène, un billet, des acteurs // des falafels, une crêpe, une pizza

16

1. un **billet**
2. **Bon courage** !
3. une **copine**
4. Il **commence** à 5 heures.
5. Ils ont des **projets** demain.
6. Non, je **déteste** !

17

1. **A 6 heures, Marie a rendez-vous avec NaÏma.**
2. **Les garçons restent toujours des heures au théâtre.**
3. **Demain, nous avous une interro d'allemand.**

4. **Lundi, je commence le skate.**
5. **Vous êtes sur un banc avec les filles.**

18

Tu t'appelles comment ?
Est-ce qu' on va au cinéma ?
On rentre à la maison ?
C'est une super idée.
Je m'appelle X.
Vous êtes d'accord ?

19

1D, **2A**, **3F**, **4B**, **5E**, **6C**

20

1. Rendez-vous à **20** heures.
2. Nicolas a **3** copains.
3. Voilà les **7** jeunes de la MJC.
4. Elle arrive à **8** heures.
5. Il y a **6** bancs dans le parc du square.
6. Voilà les **19** magasins de la rue Trousseau.
7. Naïma et Marie sont **2** copines.
8. Marie fait **18** photos.
9. J'ai **10** messages sur mon portable.
10. Rendez-vous à **5** heures.
11. On est **13** à la fête !
12. Voilà **4** photos du quartier.
13. Il y a **16** animateurs à la MJC.
14. Il est **18** heures.
15. Elle arrive au collège à **11** heures.
16. Dans le quartier Bastille, il y a **1** cinéma.
17. C'est le numéro **17** !
18. La MJC a **15** skates pour le club de skate.
19. Il y a **9** films au cinéma Bastille.
20. La maison est au **14** de la rue Bréguet.

22

1.	2.	3.	4.	5.	6.
X			X	X	
	X	X			X

23

1.	2.	3.	4.	5.	6.	7.	8.
X		X					
			X	X		X	
	X		X		X		
				X			X

24

a)

		Ja	Nein
1.	Es handelt sich um ein Telefongespräch zwischen Zoé und Paul.	X	
2.	Zoé hat Kinokarten und möchte Paul einladen.		X
3.	Zoé hat keine Lust aufs Kino.	X	
4.	Paul möchte mit Zoé bummeln gehen.	X	

b)

1. Wie viele Kinokarten hat Paul? **zwei**
2. Mit wem sollte Zoé bummeln gehen? **mit einer Freundin**
3. Wie heißt der Laden in der rue Bréguet? **„Idées"**
4. Um wie viel Uhr verabreden sie sich? **18 Uhr**

c)

1. Sie weiß, dass Paul nur vorgibt, gerne bummeln zu gehen, um sich mit ihr treffen zu können.

25

b) Les filles vont aux blocks de Bercy. Naïma et les garçons font du skate et Marie fait des photos. La copine de Julien arrive et Marie fait la tête.

26

1. Ils sont où ? **Aux blocks de Bercy.**
2. Au cinéma, il y a **« Shrek 2 ».**
3. C'est un message de **Julien.**
4. Rendez-vous à **cinq heures.**
5. Ils vont **dans le quartier Bastille.**

27

1. richtig; 2. richtig; 3. falsch; 4. nicht im Text; 5. richtig; 6. falsch

Leçon 3

1

1. **Julien liebt sein Zimmer und sein Skateboard.**
2. **Marie liebt ihre Schwester Sarah und ihren Hund.**
3. **Julien betrachtet seine Fotos.**
4. **Marie betrachtet ihre Fotos.**
5. Naïma: Voilà **mes** parents.
6. Marie : C'est dans **ta** chambre ?
7. Naïma: Oui, c'est dans **ma** chambre.
8. Naïma: Et voilà **mon** frère.
9. Marie : Il est sympa, **ton** frère.

2

mein/meine:	**ma** chambre	**mes** copains	**mon** sac	**mon** idée
dein/deine:	**ton** problème	**ton** enfant	**tes** enfants	**ta** question
sein/seine: ihr/ihre:	**ses** voisins	**sa** fille	**son** chat	**son** âge

3

1. Monsieur et madame Laroche sont dans **leur** salon quand **leurs** enfants entrent.
2. Monsieur Laroche : Ecoutez, les enfants, **votre** mère et moi, nous cherchons un appartement.
3. Jérémy : Pourquoi ? Je ne comprends pas : **notre** appartement est super !
4. Marie : Jérémy et Sarah, vous quittez **vos** copains ?
5. Jérémy et Sarah : Mais non, nous ne quittons pas **nos** copains !

4

	Nomen (= Besitz) im Singular		Nomen (= Besitz) im Plural	
	Maskulinum	Femininum	Maskulinum	Femininum
ein Besitzer	mon copain	**ma** copine	**mes** amis/amies	
	ton copain	ta copine	**tes** amis/amies	
	son copain	**sa** copine	ses amis/amies	
mehrere Besitzer	notre copain/copine		**nos** copains/copines	
	votre copain/copine		vos copains/copines	
	leur copain/copine		**leurs** copains/copines	

5

1. **sa** copine **Besitzer im Singular / Besitz im Singular Femininum**
2. **vos** enfants **Höflichkeitsform / Besitz im Plural**
3. **son** copain **Besitzer im Singular / Besitz im Singular Maskulinum**
4. **ses** copains **Besitzer im Singular / Besitz im Plural**
5. **leur** copine **Besitzer im Plural / Besitz im Singular**
6. **votre** théâtre **Höflichkeitsform / Besitz im Singular**
7. **leur** copine **Besitzer im Plural / Besitz im Singular**
8. **leurs** copains **Besitzer im Plural / Besitz im Plural**

6

1. Madame Laroche : **Ecoutez**, les enfants, nous cherchons un appartement.
2. Marie : Mais **discutons**, d'abord !
3. Monsieur et madame Laroche : D'accord ! **Explique** ton problème, Marie.
4. Marie : **Visitons** d'abord l'appartement de l'annonce.
5. Sarah : Maman, papa, **cherchez** un appartement dans le quartier !
6. Jérémy : Oui, **restons** dans le quartier !

7

1. Où est-ce que les Laroche habitent ?
2. **Pourquoi est-ce que** Marie fait la tête ?
3. **Quand est-ce que** la famille visite l'appartement ?
4. **Comment est-ce que** Marie explique le problème à sa mère ?

8

1. je **prends**
2. elle **prend**
3. ils **prennent**
4. tu **comprends**
5. nous **prenons**
6. vous **comprenez**

9

1. **3-1-2**
2. **2-4-1-3**
3. **2-3-1**
4. **3-1-2-4**
5. **1-3-2**
6. **3-1-4-2**
7. **4-2-1-3**
8. **3-2-1-4**

10

Lektion	Infinitiv	direktes Objekt	indirektes Objekt	deutsche Bedeutung
1	regarder	qc		etw. ansehen/anschauen/betrachten
	chercher	qc/qn		**etw. suchen**
	continuer	qc		**etw. weitermachen**
	imaginer	qc		**sich etw. ausdenken**
	demander	**qc**	à qn	jdn. (nach) etw. fragen
	organiser	qc		**etw. organisieren**
	inviter	**qn**		jdn. einladen
	aimer	**qc/qn**		jdn./etw. lieben/mögen
	quitter	qn		**jdn. verlassen**
2	rentrer			**zurückkehren**
	faire	qc		etw. machen
	rigoler			lachen
	arriver			**ankommen**
	rester			**bleiben**
	sonner			klingeln
	avoir	qc		**etw. haben**
	détester	qc/qn		**etw./ jdn. hassen**
3	trouver	**qc/qn**		etw./jdn. finden
	habiter			wohnen
	comprendre	qc/qn		**etw./jdn. verstehen**
	écouter	qc/qn		jdm. zuhören
	déménager			**umziehen**
	prendre	**qc**		**etw. nehmen**

Lektion	Infinitiv	direktes Objekt	indirektes Objekt	deutsche Bedeutung
3	**visiter**	qc		etw. besichtigen
	décider	**qc**		**etw. entscheiden**
	poser	qc		**etw. setzen/stellen/legen**
	adorer	qc/qn		etw./jdn. bewundern
	entrer			eintreten/betreten/hereinkommen
	donner	qc	**à qn**	**jdm. etw. geben**
	expliquer	qc	à qn	jdm. etw. erklären
	arrêter			**aufhören**
	raconter	qc	à qn	jdm. etw. erzählen
	montrer	**qc**	à qn	**jdm. etw. zeigen**

11
1. 25 2. **54** 3. **67** 4. **21** 5. **33** 6. **42** 7. **66**

12
1. **33** 4. **64**
2. **69** 5. **26**
3. **32** 6. **45**

13
Elle s'appelle Marie Laroche. **Elle habite à Paris, rue de Charonne. Elle aime le théâtre et l'atelier photo de la MJC. Elle habite avec ses parents, sa sœur, Sarah et son frère Jérémy. Elle a un chien. Il s'appelle Goliath. Elle va au collège Anne Frank. Sa copine s'appelle Naïma.**

14
Marie a rendez-vous **avec** Naïma. D'abord, elle raconte l'histoire **de** l'appartement. « Déménager **à** Bagnolet seulement **pour** un jardin ? Ici, j'ai mes copains **et** mes activités. » Naïma comprend le problème de sa copine. Elle va **avec** Marie **chez** les Laroche **et** elle explique le problème aux parents. **Tout à coup**, monsieur **et** madame Laroche comprennent **pourquoi** Marie fait la tête.

15
1. **Il/Elle s'appelle X.**
2. **Notre appartement a deux/trois/quatre pièces, une cuisine et une salle de bains. Il y a un balcon/un jardin.**
3. **Je m'appelle X. J'ai 14/15 ans. J'habite Reutlingen/Hamburg/Leipzig. J'ai un frère/une sœur. Il/Elle s'appelle Thomas/Katharina. J'ai aussi un chien/un chat. J'aime le foot.**

16

lundi	+ 3 →	jeudi	+ 3 →	**dimanche**	+ 2 →	**mardi**
↑ + 4						+ 3 ↓
jeudi						**vendredi**
↑ + 5						+ 1 ↓
samedi						**samedi**
↑ + 6						+ 2 ↓
dimanche	← + 2	**vendredi**	← + 2	**mercredi**	← + 2	**lundi**

17

1. SALON
2. **PARIS**
3. **PIECES**
4. BALCON
5. **CHAMBRE**
6. HABITER
7. **SALLE DE BAINS**
8. **IMMEUBLE**
9. **DEMENAGER**
10. **CUISINE**
11. **TOILETTES**

18

1. Madame Laroche est la **mère** de Sarah.
2. Jérémy est le **frère** de Marie.
3. Marie et Sarah sont les **filles** de monsieur et madame Laroche.
4. Monsieur Laroche est le **père** de Marie.
5. Marie, Jérémy et Sarah sont les **enfants** de monsieur et madame Laroche.
6. Monsieur et madame Laroche sont les **parents** de Marie, Sarah et Jérémy.
7. Jérémy est le **fils** de monsieur Laroche.
8. Jérémy à monsieur Laroche : « **Papa** ! »
9. Sarah à madame Laroche : « **Maman** ! »

19

1. Ils‿ont quel âge ?
2. Marie et ses‿ami(e)s
3. les trois‿enfants Laroche
4. Bonjour, les‿enfants !
5. Nous‿avons nos copains, ici !
6. Voilà deux‿appartements.
7. les‿ateliers de la MJC
8. Voilà des‿annonces.
9. Tes‿idées sont super !
10. Ils‿aiment le quartier.
11. les‿immeubles de la rue Sadi Carnot
12. Vous‿arrêtez, les‿enfants !

20

		[s]	[z]
1.	ma sœur	X	
2.	ils ont		X
3.	le fils	X	
4.	elle s'appelle	X	
5.	quatorze		X

		[s]	[z]
6.	la cuisine		X
7.	où est-ce que	X	
8.	seulement	X	
9.	ils visitent		X
10.	le sac	X	

21

1. Dans **la famille** de Marie, il y a un problème. 2. Marie a **une sœur**, Sarah, et un frère, Jérémy. 3. Elle a aussi **un chien** : Goliath. 4. **Ils habitent** rue de Charonne. Leur appartement a seulement trois pièces. 5. Alors monsieur et madame Laroche regardent **les annonces**. 6. Ils trouvent **un appartement** à Bagnolet, avec un balcon, 4 pièces et un jardin. 7. Mais les enfants ont **leurs activités** à Paris. 8. Alors, est-ce qu'ils restent dans leur appartement ou est-ce qu'ils **déménagent** ?

22

1. Die Wohnung liegt **sehr günstig, in der Nähe des Louvre**.
2. Sie umfasst **zwei Zimmer, Küche und Duschbad**.
3. Die Einrichtung ist **modern**.
4. Fernsehen und Telefon sind **kostenlos**.

23

Zur Textart: 1. **C**; 2. **A**; 3. **B**
Zum Inhalt: 1. **Oui**; 2. **Oui**; 3. **M**; 4. **Oui**; 5. **P**; 6. **Non**

Leçon 4

1

j'écri**s**, tu li**s**, elle di**t**, nous lis**ons**, vous écriv**ez**, ils dis**ent**, je di**s**, tu écri**s**, on li**t**, nous dis**ons**, vous di**tes**, elles écriv**ent**

2

1. Non, **les avions, ce n'est pas génial.**
2. Non, **je n'aime pas les pilotes.**
3. Non, **ils n'ont pas cours d'allemand.**
4. Non, **il ne va pas à l'infirmerie.**
5. Non, **il n'a plus mal au ventre.**
6. Non, **il n'est plus au Bourget**.

3

1. Je **ne suis pas au CDI.**
2. Tu **n'aimes pas la banlieue.**
3. Il **ne va plus au cinéma.**
4. Nous **ne lisons pas la pièce de théâtre.**
5. Vous **n'écrivez plus à vos copains ?**
6. Elles **ne sont plus à la cantine du collège.**

4

1. **Nicolas n'est pas malade.**
2. **Mais il ne lit pas les exercices.**
3. **Au cours de maths, il n'est plus dans la classe.**
4 **Après l'interro de maths, Nicolas ne va pas à l'infirmerie.**
5. **A trois heures, Nicolas n'a plus mal au ventre.**
6. **Jeudi, monsieur Forestier n'est plus en colère.**

5

1. Les élèves **vont terminer** leur interro d'allemand.
2. Pierre et Théo : Nous **allons avoir** nos notes lundi.
3. Madame Lebœuf : Zoé et Marie, vous **allez faire** l'interro mardi.
4. Zoé : Je **vais demander** à Pierre de travailler avec nous.
5. Zoé : Pierre, pour toi, l'allemand n'est pas un problème. Tu **vas travailler** avec nous ?
6. Pierre : Bien sûr ! Mais vous **n'allez pas rigoler**.

6

1. **Nicolas va arriver au collège à huit heures moins dix.**
2. **Tu ne vas pas aller au cours de sport ?**
3. **Non, je ne vais pas avoir cours, aujourd'hui.**
4. **Nous allons aller à la cantine.**
5. **Vous allez avoir cours d'allemand ?**
6. Non, on a de la chance : **les professeurs ne vont pas être là.**

7

1. Théo à Pierre : « Madame Lebœuf dit **que nous travaillons vite.** »
2. Théo dit **que Nicolas a de la chance.**
3. Nicolas demande **s'il va faire l'interro d'allemand.**
4. Théo à Nicolas : « Madame Lebœuf dit **que tu vas faire l'interro lundi.** »

8

1. Nicolas : Non, je **n'ai pas de photos.**
2. Nicolas : Non, je **n'ai pas d'affiche du Salon**, mais j'ai une affiche de la conférence du frère de monsieur Forestier.
3. Nicolas : Non, je **n'ai plus de billet du Salon du Bourget**.
4. Nicolas : Non, je **n'ai plus de problèmes avec madame Lebœuf**.

9

quatre-vingt-dix-huit	**98**	soixante-et-onze	**71**
quatre-vingt-neuf	**89**	quatre-vingt-deux	**82**
soixante-dix-huit	**78**	quatre-vingt-treize	**93**
quatre-vingt-sept	**87**	quatre-vingt-quatre	**84**
soixante-sept	**67**	soixante-treize	**73**
soixante-seize	**76**	soixante-deux	**62**

10

B→ ↓A	84	85	86	87	88	89	90	91	92	93	94	95	96	97	98	99
70							X	X	X	X						
71					X	X					X	X				
72				X									X			
73			X											X		
74		X													X	
75	X				X	X					X	X				X
76	X															X
77	X															X
78	X															X
79		X			X							X			X	
80			X			X	X			X	X			X		
81				X				X	X				X			
82					X							X				
83						X	X	X	X	X	X					

11

1. **quatre-vingt-dix-huit / 98**
2. **soixante-quatorze / 74**
3. **quatre-vingt-six / 86**
4. **quatre-vingts / 80**
5. **quatre-vingt-treize / 93**
6. **soixante-quinze / 75**

12

A	2	3	45	deux-mille-trois-cent-quarante-cinq
B	**6**	**7**	**89**	**six-mille-sept-cent-quatre-vingt-neuf**
C	**1**	**2**	**34**	**mille-deux-cent-trente-quatre**
D	**5**	**6**	**78**	**cinq-mille-six-cent-soixante-dix-huit**
E	**9**	**1**	**23**	**neuf-mille-cent-vingt-trois**
F	**4**	**5**	**67**	**quatre-mille-cinq-cent-soixante-sept**
G	**8**	**9**	**11**	**huit-mille-neuf-cent-onze**

13

1. Les élèves ont cours dans la **salle de classe.**
2. C'est là où les élèves vont à midi : la **cantine**
3. Quand Marie est malade au collège, elle va à l'**infirmerie.**
4. A la récré, les élèves sont dans la **cour.**
5. Pour faire du sport, ils vont au **gymnase.**
6. Pour lire des livres et faire leurs devoirs, les élèves vont au **CDI.**

14

un avion	un p**ilote**
Internet	un o**rdinateur**; un e-**mail**
un élève	un p**rofesseur**; un s**urveillant**
écrire	une **lettre**
avoir mal au ventre	être m**alade**
lire	un l**ivre**

15

Deutsch	Französisch	Englisch
Januar	Janvier	January
Februar	**Février**	**February**
März	**Mars**	**March**
April	**Avril**	**April**
Mai	**Mai**	**May**
Juni	**Juin**	**June**

Deutsch	Französisch	Englisch
Juli	**Juillet**	**July**
August	**Août**	**August**
September	**Septembre**	**September**
Oktober	**Octobre**	**October**
November	**Novembre**	**November**
Dezember	**Décembre**	**December**

16

1. **Ecris une lettre.**
2. **Je ne vais pas bien. / Ça ne va pas bien.**
3. **Il est quelle heure ?**
4. **S'il te plaît. / S'il vous plaît.**
5. **Elle a de la chance.**
6. **Il a un zéro.**
7. **Nous montons dans un avion.**
8. **Il a des heures de colle.**
9. **Rendez-vous dans un quart d'heure ?**

17

1D, 2F, 3A, 4B, 5G, 6C, 7E

18

1. 22 h 20
2. **7 h 45**
3. **13 h 15**
4. **19 h 30**
5. **2 h 10**
6. **13 h 50**
7. **11 h 40**
8. **0 h 30**
9. **17 h 55**
10. **3 h 45**

19

Nicolas demande **à** Marie **si** elle va **à** la conférence de la MJC. Marie dit **qu'**elle est d'accord. Elle demande **à** quelle heure commence la conférence. Nicolas dit **que** la conférence commence à huit heures **et** demie. Marie demande **à** Nicolas **si** Naïma va aussi à la conférence. Mais Nicolas dit **qu'**elle va au cinéma **avec** un copain, aujourd'hui.

20

1. **Il joue au théâtre. Tipp 2**
2. **aimer Tipp 5**
3. **On est au collège, mais on n'a pas cours. Tipp 2**
4. **Il travaille au collège, il donne des cours aux élèves. Tipp 2**
5. **Ce n'est pas la mère. Tipp 3**
6. **Une famille, c'est le père, la mère, les sœurs et les frères. Tipp 1**

21

arrêter – anhalten; chercher – suchen; commencer – beginnen; comprendre – verstehen; déménager – umziehen; détester – hassen; donner – geben; écouter – zuhören; habiter – wohnen; inviter – einladen; laisser – lassen

22

1. **9 h 30**
2. **9 h 45**
3. **9 h 55**
4. **10 h 15**
5. **12 h 00**
6. **12 h 10**

23

– eine Personendurchsage **B**
– eine Meldung des Bewirtungsservice **C**
– eine Vorstellung des Salons **A**

A: **1**, **2**, **3**, **5** B: **1**, **2**, **3**, **5** C: **2**, **3**, **5**

24

a) Zeitungsbericht
b) l'Airbus A380
c) **1** Der A380 ist sicher.
5 Die Höhe wird erwähnt.
7 Es gibt mehr Platz für Passagiere.
9 Die Passagieranzahl wird genannt.

Leçon 5

1

1. Julien écrit une lettre à Marie. Il **lui** écrit une lettre.
2. Naïma donne la lettre à Marie. Elle **lui** donne la lettre.
3. Marie montre la lettre à ses parents. Elle **leur** montre la lettre.
4. Nicolas et Naïma proposent à Marie et Julien d'aller au cinéma. Ils **leur** proposent d'aller au cinéma.
5. Marie téléphone à Julien. Elle **lui** téléphone.

2

1. **Je les aime.**
2. **Tu la cherches ?**
3. **Nous ne les comprenons pas.**
4. **Vous leur écrivez ?**
5. **Eric le déteste.**
6. **Les copains lui écrivent.**

3

je sors; nous **partons**; **il** sort; **elles** dorment; **vous** dormez

4

Singular		Plural	
Maskulinum	Femininum	Maskulinum	Femininum
joli	jolie	jolis	**jolies**
petit	petite	**petits**	petites
grand	grande	grands	**grandes**
bon	**bonne**	bons	bonnes
mauvais	mauvaise	mauvais	mauvaises
marrant	marrante	**marrants**	marrantes
bizarre	bizarre	**bizarres**	bizarres
content	contente	contents	**contentes**
branché	branchée	**branchés**	branchées
long	**longue**	longs	**longues**
dernier	**dernière**	derniers	dernières
pauvre	pauvre	pauvres	**pauvres**
nul	**nulle**	**nuls**	nulles
fatigué	fatiguée	fatigués	**fatiguées**

5

1.	**la**	jolie	vue
2.	**les**	petit**es**	terrasses
3.	**le**	grand	lit
4.	**les**	mauvais	portraits
5.	**le**	café	bizarre
6.	**la**	cousine	fatigu**ée**
7.	**l'**	artiste	pauvre
8.	**les**	radios	branch**ées**

6

vorangestellt		nachgestellt
x	petit	
x	bon	
	marrant	x
x	dernier	
x	joli	

vorangestellt		nachgestellt
	content	x
	branché	x
	fatigué	x
x	grand	
x	mauvais	

7

1. Visiter, c'est faire une **visite**.
2. La fille du frère de ma mère, c'est ma **cousine**.
3. Ils prennent l'avion et visitent des villes. Ce sont des **touristes**.
4. Deux jours, samedi et dimanche, c'est le **week-end**.
5. Je dors dans mon **lit**.
6. Quand un immeuble est très grand, il y a souvent un **ascenseur**.
7. Il fait des portraits, c'est un **artiste**.
8. Une petite ville, c'est un **village**.
9. Je vais dormir parce que je suis **fatigué(e)**.

8

1. **Traverser la rue à pied**
2. **C'est les soldes, on va faire du shopping ?**
3. **Ils prennent le métro à la station Notre-Dame.**
4. **Elle prend son copain en photo.**
5. **L'artiste fait des jolis portraits.**

9

1 → C → 3 → A → 5 → D → 2 → B → 4E

10

1. **à gauche**
2. **derrière**
3. **partir**
4. **petit**
5. **mauvais**
6. **dernier**
7. **terminer**
8. **détester**
9. **beaucoup**

11

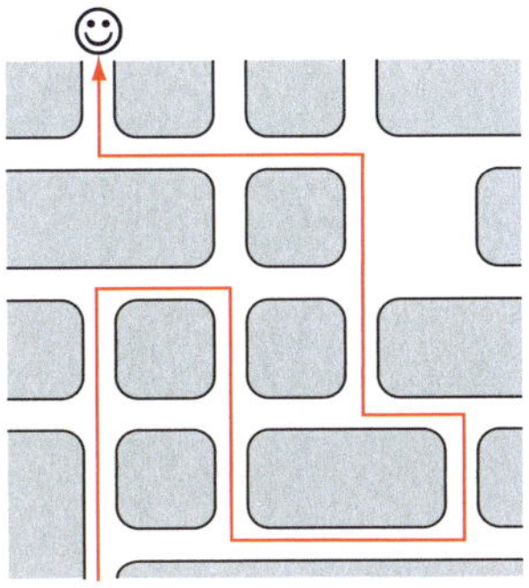

12

1A, 2A, 3B, 4A, 5A, 6B, 7B

14

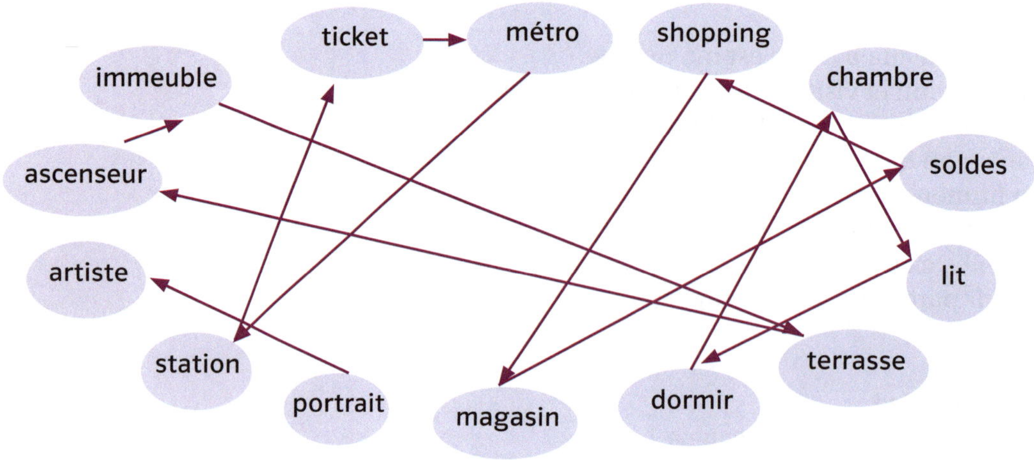

15

a)

1. Non. **Vous dormez.**
2. **Oui.** **(–)**
3. Non. **Elle sort.**
4. Non. **Tu vas faire.**
5. **Oui.** **(–)**
6. Non. **Tu cries.**

b)

1. A la fête, il y a des joli**es** fille**s** et des joli**s** garçon**s**.
2. A l'interro, j'ai une bon**ne** ou une mauvais**e** note ?
3. Zoé et Léa sont des fille**s** marrant**es**, mais bizarre**s**.
4. Elle est fatigué**e**, mais content**e**.
5. Le temps est trop long**--** quand on est fatigué**--**.

c)

1. Farid prend une photo de **sa** cousine.
2. Yasmine, tu montres **ton** CD à Farid ?
3. Naïma : **Mon** cousin est très sympa !
4. Farid prend **leurs** tickets pour le métro.
5. Naïma et Farid montrent **leur** appartement à Yasmine.

d)

1. **Ça ne m'intéresse pas.**
2. **Il ne la prend pas en photo.**
3. **Elle me dit au revoir.**
4. **Elles ne vont pas faire les soldes.**
5. **Il ne va pas me proposer.**

e)

1. Vous **ê**tes fatigu**é**es ?
2. Un caf**é** branch**é**, ça vous int**é**resse ?
3. Oui, s'il te pla**î**t !
4. C'est le deuxi**è**me, l**à**, **à** droite, devant le m**é**tro ?

16
1. **A**; 2. **D**; 3. **E**; 4. **C**; 5. **G**; 6. **F**; 7. **H**; 8. **B**

17
Des artistes à Paris - La cousine de Naïma veut visiter Paris. Farid part avec les filles à dix heures. Yasmina aime surtout les jolies rues de Montmartre et les artistes cool. Tout à coup, un jeune homme lui propose de faire son portrait. C'est une bonne idée. Peu après, il le montre aux filles. Les deux rigolent : le portrait est trop marrant. Ça va être un bon souvenir.

18
Au théâtre de l'Epouvantail

19

C'est cool; ici.	**Person 3**	J'aime... les bons restaurants.	**Person 1**
La ville est super.	**Person 1**	Moi, j'aime le Printemps.	**Person 4**
Il y a trop de touristes.	**Person 2**	J'adore Montmartre.	**Person 3**
J'aime ma cousine.	**Person 4**	J'adore faire des promenades.	**Person 2**

20
1. **vrai**; 2. **faux**; 3. **faux**; 4. **vrai**; 5. **faux**

Leçon 6

1
je **veux**; elles **veulent**; on **peut**; nous **voulons**; tu **peux**; vous **pouvez**

2

		é	i	u	s	t
a	vouloir			X		
b	traverser	X				
c	prendre				X	
d	sortir		X			
e	jouer	X				
f	faire					X
g	être	X				
h	dire					X
i	répéter	X				
j	pouvoir			X		
k	partir		X			
l	écrire					X

m	apprendre				X	
n	penser	X				
o	travailler	X				

3

1. **Nous avons appris nos rôles.**
2. **Julien n'a pas craqué.**
3. **Les garçons ont joué de la batterie.**
4. **Je n'ai pas parlé aux profs.**
5. **Vous avez fait une bêtise.**
6. **Tu as demandé pardon à ton copain.**

4

1. **Nous sommes parti(e)s avec nos parents.**
2. **Julien n'est pas resté à la maison.**
3. **Les garçons sont arrivés au théâtre.**
4. **Je suis rentré(e) à 6 heures.**
5. **Tu es allé(e) à la tour Eiffel ?**
6. **Pauline est allée dans les coulisses.**
7. **Le soir, Eric est retourné au théâtre.**
8. **Vous êtes sorti(e)s avec les copains ?**
9. **Marie et Julien sont entrés dans le théâtre.**
10. **Mais elles ne sont pas montées sur la scène.**

5

Horizontalement
1) 1. Person Plural **répétons**
4) 2. Person Plural **voyez**
7) 1. Person Singular **répète**
8) 3. Person Singular **voit**

Verticalement
2) 3. Person Plural **répètent**
3) 1. Person Plural **voyons**
5) 1. Person Singular **vois**
6) Infinitiv **répéter**

6

1. Je **veux le faire.**
2. Tu **ne peux pas la lire.**
3. Il **ne faut pas le dire.**
4. Nous **ne pouvons pas lui parler.**
5. Vous **ne voulez pas lui téléphoner ?**
6. Elles **veulent leur demander pardon.**

7

Aujourd'hui, je **fais du vélo.**
Demain, vous **allez faire du tennis.**
Demain, Nicolas **va faire du volley.**
Hier, elles **ont fait du judo.**
Aujourd'hui, nous **faisons de l'athlétisme.**
Hier, tu **as fait de l'escalade.**

8

Un livre pour maman ?
A la MJC, l'animateur demande: «Hier, vous avez fait du théâtre, de la danse et de la batterie. Qu'est-ce que vous voulez faire demain? » « Demain, on peut/nous pouvons faire du sport. » « D'accord. Je vous propose de la natation. » « Ah non, on a/nous avons (déjà) fait de la natation la semaine dernière et la piscine est nulle. » « Alors qu'est-ce qu'on peut faire ? » « Dimanche, j'ai fait du ping-pong au square Trousseau. C'est génial. » « Une super idée. Et après, on va/nous allons faire du shopping. Je cherche encore un livre pour ma mère. Jeudi, elle va avoir 39 ans. »

9

le **judo**	**la** dan**se**	**l'** ath**létisme**
le volle**y**	**le** pia**no**	**la** bat**terie**
le foo**t**	**le** thé**âtre**	**le** sho**pping**
le ping-**pong**	**la** nata**tion**	**l'** esc**alade**
le ten**nis**	**le** des**sin**	**la** guit**are**
le vé**lo**	**la** mus**ique**	**le** spor**t**

1. Julien fait **de la** musique, **du** sport et **du** dessin.
2. Anne fait **du** tennis, **de la** natation et **de l'** escalade.
3. Eric fait **de la** guitare, **de la** batterie et **du** judo.

10

1. **acteur**; 2. **scène**; 3. **pièce**; 4. **apprendre**; 5. **costumes**; 6. **rôle**; 7. **coulisses**; 8. **répétition**
Lösungswort: **animateur**

12

Je suis **en forme.**
Ils sont **tristes.**
Naïma donne la **réponse.**
Ils jouent **derrière** la maison.
Un chien **sur** la table ?
Sans moi.

13

1. **depuis hier**
2. **Il est partout.**
3. **sur le lit et sous le lit**
4. **Je la vois souvent.**
5. **sans les listes**
6. **comme activité**
7. **Elle est seulement amoureuse.**

14

1B; **2A**; **3C**; **4A**; **5C**; **6A**

15

1. **Ils ont fait des progrès.**
2. **Tu as beaucoup travaillé !**
3. **Nous ne sommes pas prêtes.**
4. **Elle n'a pas envie de faire de l'escalade.**
5. **Qui peut m'aider ?**
6. **Comment est-ce qu'il a pu faire ça ?**
7. **Elle lui joue un tour.**
8. **Elle nous demande pardon.**
9. **Il faut lui téléphoner.**

16

1. Elle aime le dessin, le vélo, la vidéo et l'escalade. 2. A la répétition générale, ils ont joué la pièce et ils ont fait des progrès. 3. Tu n'est pas prête pour le rôle, Cécile. 4. Cher Jérémy, chère Léa, ne faites pas de bêtises ! 5. Je répète, nous répétons, vous répétez, ils répètent !

17

1. Pendant les répétition**s** elles sont très nerveu**ses** et elles ne sont pas patient**es** !
2. Léa n'est pas prêt**e** : elle est amoureu**se**.
3. Les vidéo**s** sont très ch**ères** (cher).
4. Il faut trouver des vra**is** solution**s**. C'est difficil**e** !

18

1. **répétition**
2. **l'animateur**
3. **nerveux**
4. **répété**
5. **difficile**
6. **rôle**
7. **costume**
8. **coulisses**

19

		Vrai	Faux
1.	Le groupe, c'est un groupe de rock.	X	
2.	Marie aime Julien.	X	
3.	Pauline ne veut pas chanter.		X
4.	Julien a des problèmes avec Marie.	X	
5.	Julien a des problèmes avec Pauline.		X

Leçon 7

1

j'achète
on **essaie**
ils **paient**
tu **essaies**
ils **achètent**
elle **répète**
il **achète**
elles **préfèrent**

nous **achetons**
vous **essayez**
ils ont **payé**
nous **essayons**
vous **achetez**
elle a **répété**
vous **payez**
nous **préférons**

tu **achètes**
elles ont **essayé**
tu **paies**
je/j' **essaie**
nous avons **acheté**
nous **répétons**
tu **achètes**
elle **préfère**

2

1. Où est-ce que vous **mettez** les vêtements ? – hinlegen
2. Aujourd'hui, Julien **met** son nouvel anorak. – anziehen
3. **Mettons** la table pour cinq personnes. – decken
4. J'ai **mis** mon appareil photo sur le banc. Est-ce que tu l'a pris ? – legen
5. Je **mets** ce pull pour la fête. Et toi, qu'est-ce que tu **mets** ? – anziehen
6. Les élèves **mettent** les vélos dans la cour. – (ab)stellen

3

1. **Cet** après-midi, on fait les soldes.
2. On regarde **ces** fringues dans le magasin ?
3. Tu aimes **cette** couleur ? Je la déteste.
4. **Ce** vendeur n'est pas sympa.
5. Pour la fête, j'aime **cette** ambiance.
6. Tu préfères **cet** invité ou **cette** invitée ?

4

le	jean
le	t-shirt
la	jupe
le	pantalon
les	chaussures
la	veste
l'	anorak
l'	écharpe
les	casquettes
la	minijupe
le	sac à dos
la	robe

Quel	jean ?
Quel	t-shirt ?
Quelle	jupe ?
Quel	pantalon ?
Quelles	chaussures ?
Quelle	veste ?
Quel	anorak ?
Quelle	écharpe ?
Quelles	casquettes ?
Quelle	minijupe ?
Quel	sac à dos ?
Quelle	robe ?

5

C'**EST MA COPINE**

6

Normal veränderlich: weiblich : + e Plural : + s	Nur im Plural veränderlich: Plural : + s	Schon ein „s" am Ende vorhanden, also Plural unverändert:	Unveränderlich	Unregelmäßig
vert **bleu** **noir**	**rouge** **jaune** **beige**	**gris**	**marron**	**blanc**

1. la jupe rouge
2. les idées noire**s**
3. la maison blanc**he**
4. les portes vert**es**
5. les costumes gris
6. l'anorak marron
7. une veste bleu**e**
8. des écharpes jaune**s**
9. la casquette beige

7

Maskulinum Singular	*beau*	nouveau	*vieux*	pantalon, t-shirt
	bel	*nouvel*	vieil	anorak, acteur
Femininum Singular	belle	*nouvelle*	vieille	jupe, robe
Maskulinum Plural	*beaux*	nouveaux	*vieux*	jeans, pantalons
Femininum Plural	belles	*nouvelles*	*vieilles*	chaussures

1. C'est un b**el** acteur, c'est une b**elle** actrice.
2. Ce sont des n**ouveaux** acteurs.
3. J'ai des n**ouvelles** chaussures, elles sont très b**elles**.
4. Où sont mes v**ieilles** chaussures ? Je ne les trouve pas.

8

1. « Fabien et Luc vont faire du skate aujourd'hui. Vous allez avec **eux** ? »
2. « **Nous,** nous faisons les magasins pour acheter des fringues pour la fête de Julien. »
3. « Est-ce que Zoé vient avec **vous** ? »
4. « **Elle** ? Mais non, elle est nulle. »
5. « Regarde, Naïma. **Moi**, je prends ce pull jaune. Et **toi**, qu'est-ce que tu prends ? »
6. « J'ai bien aimé les jupes de Caroline et de Nathalie. Je vais faire comme **elles**, je vais mettre ma jupe bleue. »

9

	[ɥi]	[wa]	[war]
1	X		
2		X	
3			X
4		X	
5	X		

	[ɥi]	[wa]	[war]
6			X
7	X		
8		X	
9	X		
10	X		

	[ɥi]	[wa]	[war]
11			X
12		X	
13	X		
14			X

11

1. **Tu achètes la jupe ?**
2. **Je préfère le jean.**
3. **Il me plaît beaucoup.**
4. **Il est très à la mode.**
5. **Vous l'avez en taille 34 ?**
6. **Mais le 34, ça ne te va pas !**
7. **Tu dois l'essayer !**
8. **Tu vois ? Il est trop petit pour toi.**
9. **Essaie la taille 36.**
10. **Tu vois ! Ce jean te va très bien.**

12

1. Tu es **enfin** là !
2. On part **tout de suite** ?
3. Je veux partir **avant** 6 heures.
4. Tu **prends** un sac à dos ?
5. Non, **je ne prends rien**.
6. Prends **au moins** ton sac.
7. Non, je **ne** le prends **jamais**.

13

A **5**; B **1**; C **6**; D **2**; E **4**; F **3**

	Nummer des Angebots
1.	2, 4, 5 evtl.
2.	1, 3, 6
3.	2, 4 evtl., 5

14

1. Thema: **Einkaufen von Kleidung/T-Shirts**
   Wo hast du die Informationen gefunden? **Überschrift „vêtements", Fotos 1-3**
2. **«essayé leurs vêtements» (l. 1, 2), «t-shirt est trop petit» (l. 4), «ces t-shirts verts, là … marrants … pas chers» (l. 21-22), «achètent vite les t-shirts» (l. 40)**
3. Lege eine Tabelle zu den W-Fragen in Stichworten an:

Wer?	**Marie et Naïma, Zoé et sa copine**
Wo?	**devant et dans un magasin**
Wann?	**le matin avant la fête de Julien**
Was?	**– Marie et Naïma : essayer vêtements** **– Naïma : t-shirt trop petit** **– Marie et Naïma : faire les magasins, chercher t-shirt** **– rencontrer Zoé / pas sympa** **– Marie : t-shirts verts/marrants/pas chers** **– Naïma : pas essayer le t-shirt** **– acheter les t-shirts**

15

Le matin avant la fête de Julien, Marie et Naïma essaient leur vêtements préférés. Naïma trouve son t-shirt trop petit. Les deux filles font les magasins pour trouver un t-shirt. Devant un magasin, elles rencontrent Zoé avec sa copine. Zoé n'est pas sympa. Dans le magasin, Marie trouve des t-shirts verts. Ils sont marrants et pas chers. Naïma ne veut pas essayer le t-shirt. Les filles achètent les t-shirts.

16

Le matin avant la fête de Julien, Marie et Naïma essaient leur vêtements préférés. Naïma trouve son t-shirt trop petit. Alors les deux filles font les magasins pour trouver un t-shirt. Tout à coup, elles rencontrent Zoé avec sa copine devant un magasin. Zoé n'est pas sympa. Peu après, dans le magasin, Marie trouve des t-shirts verts. Ils sont marrants et pas chers. Naïma ne veut pas essayer le t-shirt, mais finalement, les filles achètent les t-shirts.

17

Un nouveau look
Caroline veut acheter des nouveaux vêtements. Sa mère propose de venir avec elle. Caroline est d'accord : « Mais je n'achète pas de vieilles fringues comme toi et papa ! » « Mais non. On va trouver des vêtements sympas – et pas chers.
A midi, la mère et la fille sont dans un restaurant. Au Bella Napoli, les pizzas sont super ! Nathalie craque : « J'ai essayé des jeans gris, des pull rouges, des jupes jaunes, des écharpes beiges et des robes vertes ! Et je ne trouve jamais ma taille ! » « Moi aussi, je suis fatiguée. Mais je pense que tu vas avoir de la chance cet après-midi ! »
La mère de Caroline a raison : dans le premier magasin, Caroline trouve des fringues super. Le soir, elle va au cinéma avec la famille et Caroline met ses nouveaux vêtements.

Leçon 8

1

1. On va à **la** fête de mamie ? — **zu der Party/dem Fest**
2. Bien sûr ! On apporte **des** boissons ? — **Getränke**
3. Mais non ! Ce n'est pas une fête avec **des** copains ! — **Freunden**
4. Papi a préparé **du** jus d'orange et **de la** salade pour nous. — **Orangensaft, Salat**
5. Nous, nous pouvons préparer **un** gâteau. — **einen Kuchen**
6. Oh là là, il faut **du** temps pour ça, mais bon, d'accord. — **Zeit**
7. Nous achetons **de l'** huile et **du** beurre. — **Öl, Butter**
8. Mamie prend le café **sans** sucre. — **Zucker**
9. Nicolas et ses cousins font **de la** musique. — **Musik**
10. Michel adore **les** gâteaux. — **Kuchen**

2

1. **250 grammes de/pas de/assez de/100 grammes de/...** beurre
2. **3 bouteilles de/assez de/beaucoup de/...** limonade
3. **assez de/pas de/beaucoup (assez) de/1 kilo de/250 g de/...** cacahuètes
4. **2 litres de/pas de/ beaucoup (assez) de/1 kilo de/...** café
5. **100 grammes de/pas de/ beaucoup (assez) de/...** chocolat
6. **assez d'/pas d'/beaucoup d'/1 kilo de/...** oranges
7. **assez de/pas de/beaucoup de/1 kilo de/assez de/...** pain
8. **1 kilo de /assez de/pas de/beaucoup (assez) d/...** pêches

3

1. **Oui, j'en prends un peu.**
2. **Oui, mais j'en prends deux.**
3. **Oui, j'en prends beaucoup.**
4. **Oui, j'en prends trois kilos.**
5. **Non, je n'en prends pas.**
6. **Non, je n'en prends pas.**

4

		qui	que	qu'	où
1.	Michel écoute madame Caron 💡 téléphone.	X			
2.	Monsieur Caron achète tout pour le repas 💡 il va préparer.			X	
3.	Nous allons sur la place 💡 il y a le marché.				X
4.	Michel, 💡 Nicolas n'aime pas tellement, travaille dans la banlieue.		X		
5.	On mange le gâteau 💡 Nicolas a préparé.		X		
6.	Michel aime bien mamie 💡 a toujours du temps pour lui.	X			

5

1. **Nous cherchons madame Bertin qui vend des œufs sur le marché.**
2. **Voilà le supermarché où Nicolas et son grand-père font les courses.**
3. **Voilà les gens qu'ils rencontrent au café.**
4. **A la cave, il y a le calvados que les Caron boivent seulement pendant les fêtes.**
5. **Maman est à côté de Nicolas qui aime beaucoup le gâteau.**

6

Horizontalement
1. tu (boire) **bois**
3. vous (manger) **mangez**
5. nous (venir) **venons**
7. nous avons (boire) **bu**
9. impératif 1. Pers. Plural (venir) **venons**
11. je (boire) **bois**
13. tu (manger) **manges**

Verticalement
2. tu (venir) **viens**
4. vous (boire) **buvez**
6. elles ont (manger) **mangé**
8. nous (boire) **buvons**
10. tu es (venir) **venu**
12. nous (manger) **mangeons**

7

1. **Pour l'anniversaire de ma grand-mère, toute la famille va venir.**
2. **Nicolas va préparer tout le repas avec son grand-père.**
3. **Tous les gens de la fête sont sympas.**
4. **Nicolas pense tout le temps à Michel.**
5. **Toutes les cousines entendent le rire stupide de Michel.**
6. **Mamie aime tous les cadeaux.**

8

1. **nous descendons**
2. **vous entendez**
3. **ils sont descendus**
4. **tu réponds**
5. **je descends**
6. **il entend**
7. **j'ai répondu**
8. **Réponds !**
9. **elles descendent**
10. **Entendez !**

9

Pendant la fête
Nicolas demande à Michel : « Qu'est-ce que tu veux boire ? » Michel répond à Nicolas : « Je voudrais du jus d'orange. »
Le grand-père donne deux bouteilles de vin à la mère de Nicolas.
La grand-mère parle aux cousins. « Vous prenez encore du gâteau ? » « Oui ! Il est bon ! (Est-ce que) je peux avoir (encore) de la crème, s'il te plaît ?» « Bien sûr. Voilà. »
Dans le jardin, Michel montre le vélo au grand-père. Le cadeau est cool...

10

1. Nicolas demande du coca à sa grand-mère.
2. Il parle du film avec Nicolas.
3. Elle dit bonjour à Nicolas.
4. Elle téléphone à Nicolas.
5. Elle donne 12 œufs à monsieur Caron.
6. Il montre le marché à Nicolas.

11

		A	B	C	D
1.	la baguette et le pain au chocolat				X
2.	l'eau minérale, le jus d'orange et le vin			X	
3.	le beurre et le lait	X			
4.	le fromage, l'huile et la farine			X	
5.	les tomates, les pommes et les pêches		X		
6.	la crème et les œufs	X			

A3, B4, C1, D2

12

1E, 2B, 3F, 4A, 5D, 6C

14

– Tu peux aller au supermarché, s'il te plaît ? Il me faut **beaucoup de** farine et **un peu d'** huile.
– Il te faut aussi du lait ?
– Non, merci. J'ai encore **assez de** lait !

16

1. J'aime **tellement** les gâteaux de maman, ils sont **si** bons !
2. Tu veux **combien de** pommes ? Et les pêches, il t'en faut **combien** ?
3. Tu es **d'où** ? Tu habites **où** ?
4. Le gâteau est **sur** la table. Mais le chien est **sous** la table !

17

	Combien ?	Quel prix ?
beurre	**1 kilo**	**5 €**
lait	**1 litre**	**1 €**
crème	**500 grammes**	**3 €**
œufs	**12**	**4 €**

18

1. **Sie kauft eine cremefarbene Hose.**
2. **Dieser Mann ist der Beste.**
3. **Für den Kuchen brauche ich Rahm/Sahne.**
4. **Ich suche Damenschuhe.**
5. **Sie ist die Ehefrau von Herrn Dupont.**
6. **Wir haben eine Putzfrau.**
7. **Hier isst man mit Stäbchen.**
8. **Kaufst du ein Baguette in der Bäckerei?**
9. **Hast du Schlegel für das Schlagzeug?**

Leçon 9

1

1. je	**me**	**dépêche**
2. tu	**te**	**lèves**
3. il/elle/on	**s'**	**arrête**
4. nous	**nous**	**réveillons**
5. vous	**vous**	**habillez**
6. ils/elles	**se**	**décident**

2

1. **Tu ne te lèves pas** à huit heures.
2. **Marie ne s'amuse pas** pendant les vacances.
3. **Nous ne nous sentons pas bien.**
4. **Vous n'allez pas vous arrêter** à la fabrique de chocolat.
5. **Les animateur ne veulent pas s'occuper** des jeunes.
6. **Je ne me dépêche jamais.**
7. **Je ne me sens plus malade.**

3

1. Avant le rafting, on **doit** mettre la tête sous l'eau.
2. Je **sais** nager.
3. Nous **devons** prendre le bus.
4. Anne et Paola **savent** où on peut acheter des fringues branchées.
5. Vous allez où, cet après-midi ? – Nous ne **savons** pas.
6. Les animateurs **doivent** s'occuper des jeunes.
7. Demain, vous **devez** vous lever avant 7 heures.
8. Qui **sait** préparer une quiche ?
9. Lundi, j'ai une interro de maths. Comme ça, j'ai **dû** rester à la maison tout le week-end.

4

1. **Ce qui** m'énerve, c'est le « Schwyzerdütsch ».
2. Marie ne sait pas **ce que** Jean raconte à Naïma.
3. Olivier explique **ce qu'** il faut faire avant le rafting.
4. **Ce qui** est génial, c'est la visite de la fabrique de chocolat.
5. **Ce que** Nicolas trouve dans le bus, c'est son appareil photo.
6. **Ce qui** est sympa à Charmey, c'est la bonne humeur des gens.

5

1. Marie vient **de France**. Demain, elle va **en Italie**.
2. Pendant les vacances **en Suisse**, Naïma rencontre Jean.
3. Aujourd'hui, Naïma va **au Canada**.
4. Pierre aime tellement aller **au Luxembourg** qu'il ne va jamais en **Allemagne**.
5. Après des vacances **en Belgique**, Pauline va **aux Pays-Bas**.

6

1. **derrière**; 2. **sur**; 3. **devant**; 4. **sous**; 5. **dans**; 6. **chez**; 7. **au fond de**

7

1. **A** Charmey, il y a un centre de vacances.
2. Avec le funiculaire, on peut monter **sur** la montagne du Moléson.
3. Pour le rafting, il faut mettre la tête **sous** l'eau.
4. L'eau est trop froide : je ne veux pas tomber **dans** l'eau !
5. Quand je regarde le lac, la montagne est **derrière** moi et le lac est **devant** moi.
6. Mes lunettes sont tombées dans l'eau ! Maintenant, elles sont **au fond de** la Sarine !
7. Dans le bus, Naïma est **à côté de** Jean : ils discutent tout le temps.

8

Les vacances avec les parents

Julien passe les vacances avec sa famille dans les Alpes. C'est super ! Le matin, ils se lèvent tard, ils prennent le petit-déjeuner sur la terrasse et regardent les montagnes. Puis ils prennent leurs vélos. Dans la région, il y a beaucoup de petits lacs où ils s'arrêtent souvent. Après une semaine, ils se sentent très bien. Alors Julien demande à ses parents. « Vous vous décidez ? Est-ce qu'on fait du vélo, demain ? Ou est-ce qu'on fait du rafting ? » Finalement, ils font une randonnée dans la montagne le matin, puis ils font du rafting. (Dans) l'après-midi, ils visitent encore une belle ville avec une vieille cathédrale et ils vont dans une fabrique de fromage. L'ambiance est super ! Le soir, les enfants s'occupent du repas et s'amusent bien ! Ils vont peut-être revenir l'année prochaine.

9

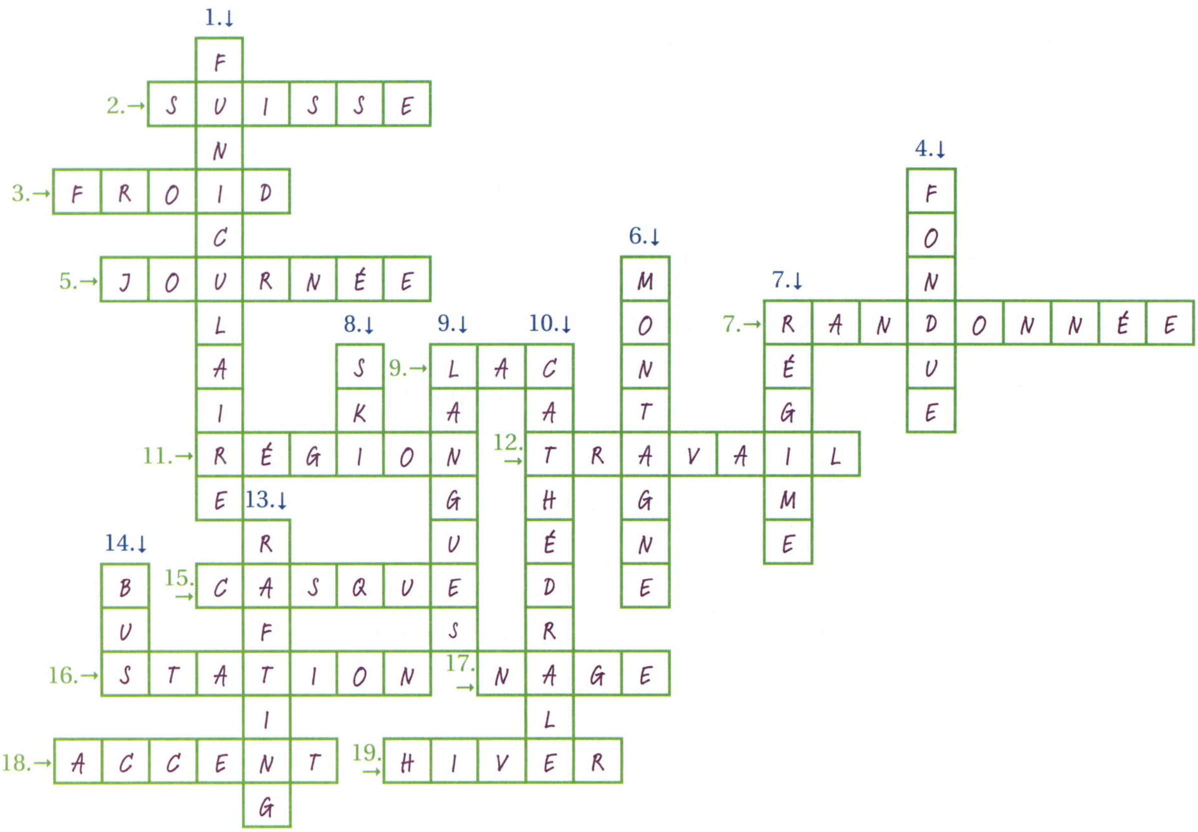

10
A 3-2-1-4; B 4-2-3-1; C 4-1-2-3; D 2-1-4-3

11
2. Nous pouvons faire des randonnées.
3. On s'amuse avec des amis.
6. Nous choisissons un sport chaque jour.
7. Il y a beaucoup d'activités au centre.
8. Nous visitons des villes.
9. Ici, c'est génial pour des vacances !
10. J'ai du temps et je m'amuse beaucoup.
11. L'animateur du centre est cool.
13. Nous faisons un pique-nique.
14. Nous avons passé une super semaine.

12
Cher Florent,
Tu vas bien ? Moi aussi. Je suis en France :
Nous sommes en vacances avec mes parents / des amis / des copains sur la Côte d'Azur.
J'ai rencontré des jeunes sympas et on s'amuse beaucoup ensemble. On va tous les jours à la plage.
Grosses bises et à bientôt.
Stephane

14
1. **Ça va (Hugo) ?**
2. **Qu'est-ce que vous avez fait / vous faites ?**
3. **C'était bien ?**
4. **Alors quoi ?**
5. **Et tu es encore malade ?**
6. **Vous rentrez quand ? / Quand est-ce que vous rentrez ?**
7. **Vous arrivez à quelle heure ?**
8. **On vient te chercher ? / On doit venir te chercher ?**

15
Pays : **Pays-Bas**; Pays : **Espagne**; Pays : **Suisse**

Cours intensif – weitere Materialien!

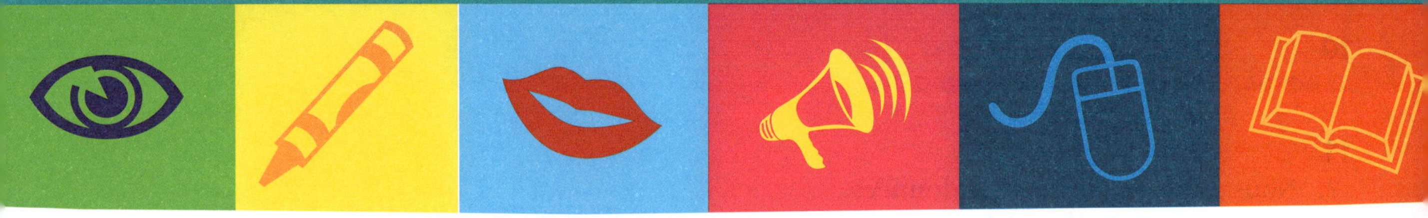

Cahier d'activités mit 2 Schüler-Audio-CDs

Mit zusätzlichen schriftlichen Übungsangeboten ganz unterschiedlicher Typologie für die Unterrichts-, Haus- oder Freiarbeit. Mit Möglichkeiten zur Selbstkontrolle, Portfolioarbeit und Vorbereitung auf DELF. Die beiden Schüler-CDs sind eingelegt.

Band 1 978-3-12-523603-5

Grammatisches Beiheft

Aufbereitung und Präsentation der grammatischen Strukturen, die in den Lektionen vermittelt werden. Selbstkontrollmöglichkeiten am Ende jeder Lektion.

Band 1 978-3-12-523602-8

Vokabellernheft

Im handlichen Format (DIN A 6), mit dem bei jeder Gelegenheit (Bus, S-Bahn, Schwimmbad ...) Vokabeln gelernt und geübt werden können.

Band 1 978-3-12-523618-9

Verbenlernheft

Das Heft im praktischen Taschenbuchformat enthält Übungen und Lerntipps zu den Verben jeder Lektion. Dazu gibt es praktische und übersichtliche Konjugationsmuster.

Band 1 978-3-12-523051-4

Schüler-Software

Auf der CD-ROM befindet sich der Sprachtrainer Cours intensif mit den Modulen Grammatiktrainer, Vokabeltrainer und Kommunikationstrainer.

Sprachtrainer 1 Einzellizenz
978-3-12-523612-7

Preise im Internet unter www.klett.de

Cours intensif mobil

Der Vokabeltrainer fürs Handy: Vokabeln lernen wo und wann man möchte – passend zum Lehrwerk.

Alle Informationen unter www.klett-mobil.de

Fotonachweis: Patrick Dembski, Stuttgart

Vokabeln für phase-6

Die Vokabeln aus Cours intensif 1 und 3 können auch in „phase-6", dem Karteikartensystem für den PC, importiert werden.

Alle Informationen unter www.phase-6.de

Lesen und Frankreich kennen lernen!

Fotonachweis: Thomas Weccard, Ludwigsburg

Les copains du quartier Bastille

Von Marie Gauvillé und Laurent Jouvet

Die kleinen unterhaltsamen Geschichten dieser Lektüre nehmen den Leser mit auf eine Reise durch das Quartier Bastille und andere Pariser Viertel. Der Leser lernt u. a. den Rapper Karim Slammy kennen und wird Zeuge eines Diebstahls der Mona Lisa. Mit dem Schiff „Normandie" verlassen die Geschichten den Schauplatz Paris und führen schließlich in die französischsprachige Schweiz.

Lecture graduée abgestimmt auf Cours intensif 1

Lektüre, 32 S. 978-3-12-523031-6

Le chien du Gitan

Von Marceline Putnai

Das Leben des Halbwaisen Noé ändert sich schlagartig, als er sich in der Métro für einen kleinen Jungen einsetzt, der von Jugendlichen angegriffen wird. Als er dann noch zusammen mit seiner heimlichen Liebe an einem Klassenprojekt teilnimmt, das ihm die Welt der Sinti und Roma näher bringt, beginnen Phantasie und Wirklichkeit langsam zu verschmelzen …

Lecture graduée abgestimmt auf Cours intensif 1

Lektüre, 32 S. 978-3-12-523032-3

Weitere Lektüren sind in Vorbereitung

Preise im Internet unter www.klett.de

	Seite	Lerninhalte	Track
L1	S.15, ex.16	Hören und verstehen	1
	S.15, ex.17	Hören und nachsprechen	2
	S.15, ex.18	Hören und verstehen	3
	S.15, ex.19	Hören und schreiben	4
L2	S.17, ex.2	Das Verb „aller“	5
	S.25, ex.20	Hören und schreiben: die Zahlen	6
	S.25, ex.21	Hören und schreiben: die Zahlen	7
	S.26, ex.22	Hören und schreiben: die Zahlen	8
	S.26, ex.23	Lautschulung	9
	S.26, ex.24	Hören und verstehen	10
L3	S.36, ex.11	Zahlen bis 69	11
	S.39, ex.19	Die *liaison*	12
	S.39, ex.20	Lautschulung	13
	S.40, ex.21	Hören und schreiben	14
L4	S.50, ex.10	Zahlen bis 99	15
	S.50, ex.11	Zahlen bis 99	16
	S.51, ex.12	Zahlen über 1000	17
	S.57, ex.22	Hören und schreiben	18
	S.57, ex.23	Hören und verstehen	19
L5	S.66, ex.13	Phonetik: Zungenbrecher	22
	S.69, ex.18	Hören und schreiben	23
	S.69, ex.19	Hören und verstehen	24
L6	S.81, ex.18	Hören und schreiben	28
L7	S.91, ex.9	Phonetik	29
	S.91, ex.10	Phonetik	30
	S.94, ex.13	Hörleseverstehen	31
L8	S.112, ex.13	Phonetik	32
	S.114, ex.17	Hören und schreiben	33
L9	S.124, ex.13	Phonetik	34
	S.125, ex.14	Hören und schreiben	35

Audio-CD: Spieldauer 45 min.

Aufnahmeleitung: Bernd Binkle
Aufnahme: Bauer Studios GmbH, Ludwigsburg
Presswerk: OK Medien Service, Boizenburg/Elbe
Sprecherinnen und Sprecher: Frédéric Auvrai, Geneviève Crouzet, Louise Liebenwein, Christelle Souvras, Antoine Stilo, Régis Titeca